いくつ自信を持って答えられますか?

1 円高・円安、日本から輸出する時に有利なのは?

2 経済成長率ってどうやって算出するの?

3 NISAとiDeCoって何が違う?

4 日経平均とかダウ平均って何のこと?

5 株・投資信託・FXの違いは何?

結構答えられないかも…
そんな方も多いのではないでしょうか？

でも毎日忙しくて
勉強する時間がないよ…

今さら人に聞くのも
恥ずかしいし…

ネットで調べても
意外とよく
わかんないんだよなぁ…

そんな あなたに

結論

本書がオススメです

本書は、
忙しいビジネスパーソンのために
気になるギモンに
結論から答える書籍です。

本書の3つの強み

今さら聞けない＆
今知っておきたい
知識を1冊でカバー！

気になるギモンを
結論から答える構成なので
サクサクわかる！

いつでもどこでも
サッと開いて読める
コンパクト設計！

本書を使えば…

SITUATION 01

毎日の
通勤時間で…

SITUATION 02

ニュースを見ながら
気になった時に…

SITUATION 03

夜寝る前
スマホをいじる
かわりに…

いつでも&どこでも

知識を高速インストール!

さあ、デキる大人に
アップデートしましょう 》

経済のわからないことを結論から教えてくれる本

監修　塚本哲生

Gakken

経済のわからないことを結論から教えてくれる本

CONTENTS

3章 国民所得

4章 租税

5章 財政

6章 経済史

7章 企業・労働

8章 社会保障

9章 国際経済

※本書は『ハンドブック　政経の要点整理』をもとに大幅改訂を加えたものです。

本書の見方

気になるギモンに結論からスマートに答える構成になっています。

Qの部分で今さら聞けない経済のギモンを豊富に扱っています。

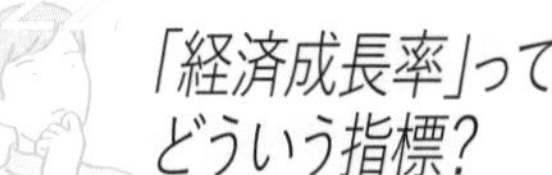

Q22

「経済成長率」ってどういう指標？

結論

主にGDPが**昨年のGDPに対してどう上下したかという変化率**のこと。ただし、四半期ごとに算出することもある。

さらに細かく気になるギモンについても、結論から要点をチェックできます。

Q22-1 そもそもどうやって算出するの？

結論 主に**（今年のGDP－前年のGDP）÷前年のGDP×100**で算出する。

そもそも経済成長とは

景気循環を繰り返す中で、経済の規模がもとよりも大きくなっていくことを経済成長といいます。現在では、日銀の金融政策、政府の財政政策によって波を穏やかにしながら成長が図られています（何もしなければ急上昇、急下降のギザギザ形の波となってしまいます）。

▼ 金融・財政政策による経済成長

78

気になる単元だけ読んでも

まず結論部分だけ読んでも

KEYWORD

経済成長率

経済成長は今年と前年の国民所得（通常GDPを使う）を比較すればわかる。前年と比較した今年のGDPの変化率が経済成長率である。

▼ **経済成長率を求める公式**

$$経済成長率 = \frac{今年のGDP - 前年のGDP}{前年のGDP} \times 100$$

キーワードやポイントを深掘りするコーナーもあるので重要事項をチェックできます。

景気の変動には4つの局面がある

資本主義経済には景気変動（景気循環）があり、**好況・後退・不況・回復**の4つの局面を繰り返します。特に急激で深刻な不況を恐慌といいます。好況期には商品がよく売れ、在庫が減り、生産は拡大します。設備投資も多くなり、資金需要が増えて金利が上昇し、雇用が拡大して賃金も上がります。また物価も上昇します。不況期には逆のことが起こります。

▼ **景気変動**

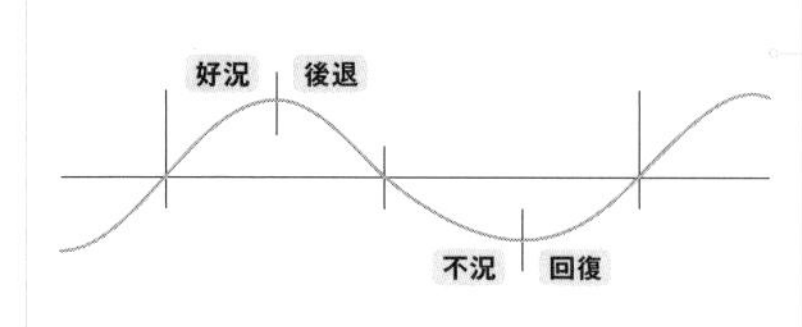

図やグラフでもさらに理解を定着！

じっくり順番通り
読んでも

ライフスタイルにあわせて使い倒しましょう！

どれでもOK!

1章

市場

この章で扱う主なTOPIC

資本主義・社会主義	Q01
マルクス主義・脱成長	Q02
需要・供給	Q03
インフレ・デフレ・消費者物価指数	Q04
物価と給与	Q05
市場の失敗	Q06
独占・独占禁止法	Q07

Q01

資本主義と社会主義って何が違うの？

結論

資本主義では**利益を求めて自由に生産・競争**が行われるが、社会主義では**国家に生産が管理される。**

Q01-1 そもそも資本主義ってどんなもの？

結論 **国家が市場に介入しない自由競争**で、**資本家**が労働者を雇って生産活動をするしくみ。

利益を得るために競争していく社会

資本主義には、大きく4つの特徴があります。

POINT
資本主義の特徴

❶**生産手段**（土地・機械・工場など）の私有が認められる。それらを使用し、労働者を雇って生産活動を行う者を**資本家**という。

❷国家の市場不介入により、自由競争が行われる（**市場経済**）。

❸利潤は個人に帰属していて、利潤獲得を動機に生産が行われる。

❹生産手段をもたない**労働者**は、資本家に**労働力**を商品として売る（=雇われる）。両者の利益は対立し、階級対立がある。

資本主義では、土地や機械、工場といった生産手段は個人や企業が自由に所有でき、資本家はそれをもとに**労働者を**

雇って、それを上回る価値のある商品を生み出し、利益を獲得する生産活動を行います。

また**資本主義社会では、ほかの資本家よりも多くの利益を獲得しようと（利潤獲得動機）、競争が生まれます**。その結果、生産活動が効率化され、工夫された安価な商品が生産されるようになります。

ただし、**資本家と労働者の貧富の差が生じやすく、非計画的な生産による景気変動も起こりやすいという欠点**もあります。

Q01-2 社会主義はどんなもの？

結論 **国家が管理する計画経済**で、生産手段も**国家などが保有**するしくみ。

国家が生産を管理する階級対立のない社会

社会主義体制下では資本主義と異なり、生産手段は国や協同組合のものです。生産は国家が管理するため競争はありません。

POINT
社会主義の特徴

❶生産手段の私有は認められず、国や協同組合によって**公有**される。

❷競争はなく、生産は国家による**計画経済**によって管理される。

❸利潤は国・協同組合に属していて、利潤獲得動機は生まれにくい。

❹資本家はおらず、**階級対立のない平等**な社会である。

階級対立が生まれない代わりに、**競争や利潤獲得動機がないため、労働意欲が低下したり、生産が非効率的になったりする**というデメリットもあります。

Q01-3 社会主義より資本主義のほうが良い？

結論 もともとどちらにも利点、欠点があるので、**お互い補って発展してきた。**

資本主義と社会主義は互いの要素を取り入れて修正している

資本主義と社会主義は、欠点を修正するために、それぞれ**修正資本主義**と**修正社会主義**に発展してきました。修正資本主義では部分的に国家が市場に介入し、競争に制限がしかれ、格差の解消が目指されました。修正社会主義では競争原理導入により効率化や労働意欲向上が目指されました。

資本主義と社会主義には元来どちらにも欠点があり、双方の要素を取り入れる形でいろいろと展開してきたのです。

Q01-4 いつ資本主義は始まったの？

結論 イギリスの**産業革命**を経て、19世紀に始まった。

神の「見えざる手」に任せる産業資本主義

資本主義は、18世紀後半にイギリスで始まった**産業革命**を経て、19世紀はじめに確立しました。**この頃の資本主義は産業資本主義と呼ばれ、たくさんの小規模な企業による自由競争が盛ん**でした。

産業資本主義の理論的支柱となったのは、イギリスの経済学者**アダム＝スミス**（1723〜1790）です。彼が理想としたのは、国家による国民生活や市場への干渉を最小限にした**夜警国家（小さな政府）**というものでした。彼の理論はのちに**古典派経済学**と呼ばれ、その後の経済学に大きな影響を与えています。彼は主著『**国富論（諸国民の富）**』のなかで次のように説きました。

・KEY SENTENCE

「国家は経済活動に干渉せず（自由放任）、市場での自由競争に任せておけば、神の『見えざる手』に導かれるように生産や消費が調整され（予定調和）、社会全体に利益がもたらされる」

独占資本主義から、修正資本主義に

しかし産業資本主義のもとで自由競争が進むと、競争に勝った企業が弱い企業を吸収・合併して規模を拡大していきます。こうして資本の集中が行われ、19世紀末には、**少数の大企業が市場を支配する独占資本主義という段階に入ります。**20世紀に入ると、貧富の格差と急激な景気後退で起こる恐慌は放置できない段階に入りました。各国は自由放任をやめ、国家が市場に介入する新しいやり方を採用します。これが**修正資本主義**です。

▼産業資本主義から修正資本主義への流れ

産業資本主義 → 独占資本主義 → 修正資本主義

Q02

マルクス主義や「脱成長」が近年注目されたのはなぜ？

結論

資本主義のひずみによる格差や環境問題の是正を訴える主張が高まったから。ただ、異論を唱える学者もいる。

Q02-1 そもそもマルクスは何を主張したの？

結論 **資本主義の発展で労働者は貧しくなり、資本家との対立が激しくなる**ので、それを解決するために**労働者が革命を起こすべき**だと唱えた。

マルクスの主著の名は『資本論』

資本主義の欠点の克服に**修正資本主義とは別の立場から挑んだのが社会主義**でした。

▼ **資本主義の欠点に対するアプローチ**

社会主義を理論づけた**マルクス**（ドイツ、1818〜1883）は、主著『**資本論**』の中で、自己の理論を**科学的社会主義**とよんだ上で、次のように説きました。

• KEY SENTENCE

「資本家は労働者が労働でつくり出した価値（**剰余価値**）を**搾取**（しぼりとること）している。資本主義の発展とともに労働者はどんどん貧しくなり、**階級対立**は激化していく。それを解決するには、労働者階級が**社会主義革命**を起こし、階級対立のない社会主義社会を実現するしかない」

社会主義経済の低迷

旧ソ連、東ヨーロッパ諸国、中国などは社会主義に基づき国家建設を進め、はじめは順調でした。しかしその後、**競争と利潤獲得動機のないことが原因で非効率と労働意欲の低下がはびこりだし、次第に経済は低迷していきました。**

修正社会主義と資本主義への移行

経済立て直しのため、各国は社会主義の欠点を克服すべく次のようなアプローチをとりました。

▼ 社会主義の欠点に対するアプローチ

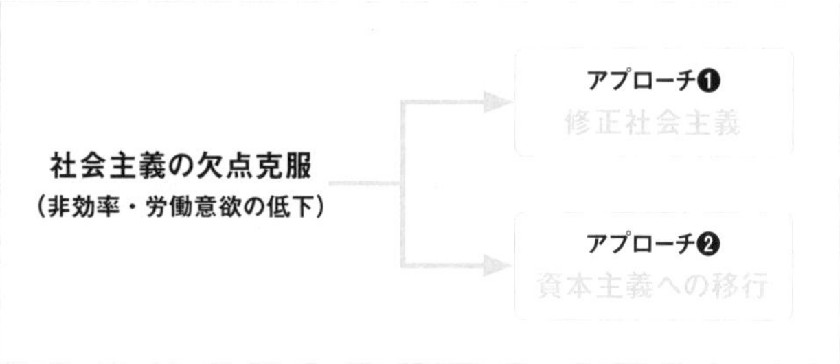

社会主義の欠点克服
（非効率・労働意欲の低下）

→ **アプローチ❶** 修正社会主義

→ **アプローチ❷** 資本主義への移行

Q02-2 中国は社会主義なの？

結論 純粋な社会主義ではなく、市場経済の仕組みを一部導入し「社会主義市場経済」を名乗っている。

中国では社会主義と資本主義が共存している

中国は、1970年代後半から改革・開放政策をかかげ、経済特区をつくって外国資本を積極的に導入しました。それまで（1958年から）中国には**人民公社**という集団所有の組織があり、それが社会主義建設を推進していましたが、1985年くらいまでに解体されたのです。そしてさらに市場経済を大幅に導入し、**1993年以降は、自らを社会主義市場経済とよんでいます。**

大きな経済成長へ

2001年には、自由貿易・市場原理を原則とする**WTO（世界貿易機関）に加盟**しました。2024年現在ではアメリカに次ぐ**GDP世界第2位**の規模になるなど発展を続けています。

PLUS α 一国二制度

中国では、イギリスから返還（1997年）された**香港**（ホンコン）、ポルトガルから返還（1999年）された**マカオ**を引き続き資本主義体制のままとし、一国内に社会主義と資本主義が共存する一国二制度が行われている。

Q02-3 脱成長ではどんなことを主張している？

結論 「テクノロジーが発達すれば環境問題をクリアできる」という考え方に異論を呈し、**資本主義の無制限な発達を批判**した。

脱成長論は資本主義の矛盾への回答の一つ

資本主義の構造的な矛盾があらわになる中、それを解決するために様々な考えや提案が主張されました。脱成長はその一つであり、中心的な主唱者としてフランスの経済学者、**セルジュ・ラトゥーシュ**があげられています。彼の学説は、**消費社会のグローバル化がもたらす破局的な未来を回避し、真に持続可能な社会の構想を打ち出すことを目的としています。**

Q02-4 本当に「脱成長」した方が良いの？

結論 脱成長は**社会の幸福と持続可能性につながる**とされる一方、**社会の混乱を招くとの批判も**ある。

失業者増大や生活水準の低下を招くリスクがある

脱成長論では、**経済成長に過度に依存せず、環境への負担を減らしたほうが、社会の幸福と持続可能性につながる**ことなどが唱えられています。しかし一方で、現代の社会構造のもとでは経済成長を止めると**失業者が増えたり、生活水準が低下するなど、社会の混乱と不安定化**を招くおそれがあるとの批判も寄せられています。

Q03

モノの価格ってどうやって決まる？

結論

需要と供給のバランスによって決まる。

Q03-1 そもそも需要って？

結論 **買い手が財やサービスを購入しようとすること。**

需要とは

需要の量のことを需要量といいます。**価格を縦軸、需要量を横軸にしてグラフ化すると右下がりの曲線**になります。

これを表した下記の図を見てください。価格がP3からP1に下がれば、これを買おうとする買い手が増えるので、需要量はQ1からQ3に増えます。つまり、価格が下がれば需要量は増え、価格が上がれば需要量は減ります。よって、需要曲線は右下がりになるのです。

▼ **価格と需要量の関係**

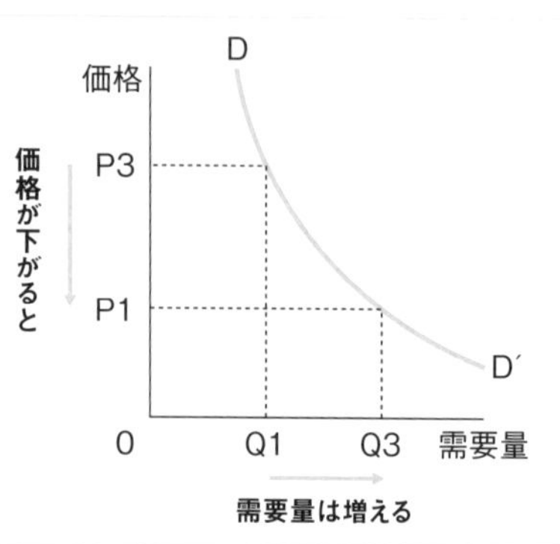

Q03-2 そもそも供給って？

結論 **売り手が市場に財やサービスを提供すること。**

供給とは

供給の量のことを供給量といいます。**価格を縦軸、供給量を横軸にしてグラフ化すると右上がりの曲線**になります。

需要と同じく、下の図で確認しましょう。価格がP1からP3に上がれば、これを売ろうとする売り手が増えるため供給量もQ1からQ3に増えます。つまり、価格が上がれば供給量は増え、価格が下がれば供給量は減ります。よって供給曲線は右上がりになるのです。

▼ 価格と供給量の関係

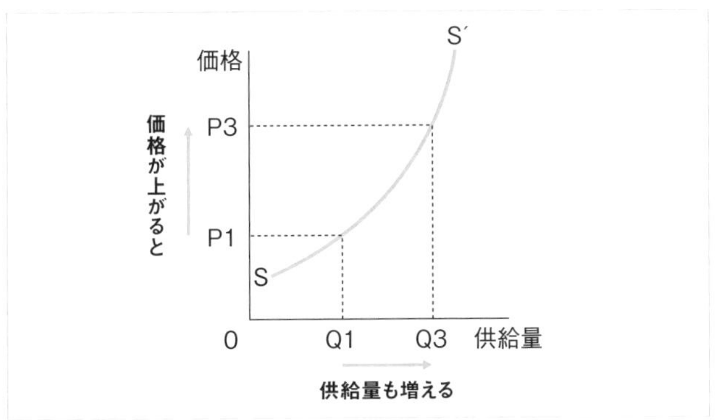

▼ 需要・供給と価格の関係まとめ

価格が上がれば… → 需要量**は減り、**供給量**は増える**

価格が下がれば… → 供給量**は減り、**需要量**は増える**

Q03-3 需要・供給と価格にどういう関係があるの？

結論 **需要量と供給量が一致するところで価格が決まる。**

供給量＞需要量の時は価格が下がる

ここで、供給量が需要量より多い場合を考えてみましょう。下の図で価格がP3の時、需要曲線DD'の値はQ1となりますが、供給曲線SS'の値はQ3となります。すなわち、**Q3－Q1が超過供給（売れ残り）となります。**
この売れ残りにより値下げされるため価格はP2へと下がり、需要量と供給量は均衡します。

▼ **価格と需要量の関係**

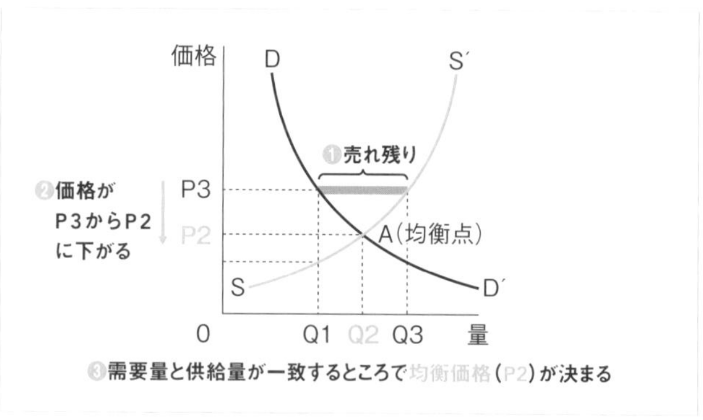

需要と供給の一致するところ

この時のP2を**均衡価格**（市場価格）、Q2を**均衡数量**といいます。このように需要量と供給量が一致するところで価格が決まります。

需要量＞供給量の時は価格は上がる

次に、需要量が供給量より多い時を考えてみます。価格がP1の時、需要曲線DD'の値はQ3となりますが、供給曲線SS'の値はQ1となります。この時、需要量はQ3もありますが、供給側はQ1しか生産しておらず、**Q3－Q1が超過需要（品不足）となります。品不足なので価格はP2へと上昇し、需要量と供給量が均衡**します。

▼ **価格と供給量の関係**

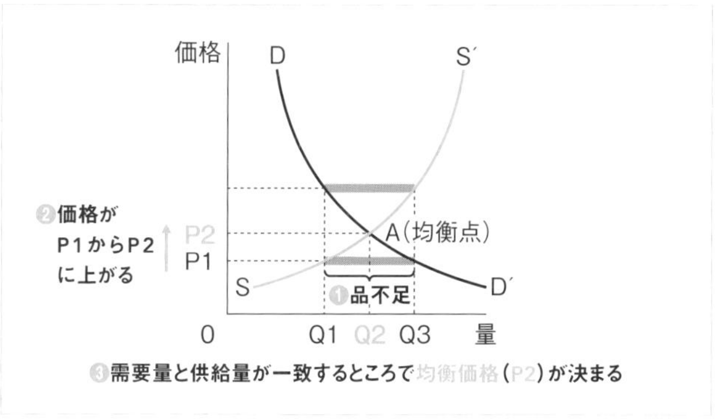

価格の変動が不均衡を調整する

ここまで見てきたように、**市場**では、売り手も買い手も自己中心的に行動しますが、価格の変動が需要と供給の不均衡（アンバランス）を調整し、需要量と供給量は一致します。この働きを**価格の自動調節機能**といいます。

Q04

物価はなぜ上がるの?

結論

需要と供給のバランスに起因するディマンドプル・インフレや、**生産コストに起因する**コストプッシュ・インフレがある。

Q04-1 そもそもインフレ・デフレとは?

結論 インフレ=**物価が継続的に上昇**すること。デフレ=**物価が継続的に下落**すること。

物価の捉え方

インフレは継続的な物価上昇、デフレは継続的な物価下落を指しますが、この**「物価」とは市場での商品全体の価格を総合・平均化して、全体的に捉えたもの**です。

基準年を100として、それに対する他年度の物価水準を示した数値を**物価指数**といいます。これには**消費者物価指数**(消費者が購入する段階の商品の物価指数)と、**企業物価指数**(企業間で取り引きされる段階の商品の物価指数)があります。

・KEYWORD

消費者物価指数

世帯が購入する**消費財**や**サービス**など、一定の商品の価格を時系列で測定したもの。物価の変動を確認するのに用いられる。

要因から分けたインフレーションの種類

インフレには需要側に要因がある場合（❶）と供給側に要因がある場合（❷）があります。

❶のことを**ディマンドプル・インフレ**、❷のことを**コストプッシュ・インフレ**といいます。それぞれの詳細については、以下を参照してください。

POINT

❶ディマンドプル・インフレーション（需要インフレ）

（需要側の）総需要が総供給を上回ったため起こるインフレ。これには公共投資の拡大などの財政政策が原因で起こる**財政インフレ**、銀行による融資の拡大が原因で起こる**信用インフレ**などがある。

❷コストプッシュ・インフレーション（費用インフレ）

供給側の生産コスト（費用）増大で起こるインフレ。これには、石油や原材料など輸入品の値上がりで起こる**輸入インフレ**、生産性の低い中小企業の賃金が上昇して起こる**生産性格差インフレ**、寡占市場で価格が下がらないために起こる**管理価格インフレ**などがある。（寡占市場の詳細については→Q06）

Q04-2 インフレ・デフレの影響は?

結論 インフレが起きると、**「物」をもつ者は得をし、「貨幣」をもつ者は損**をする。デフレが起きると、**「物」をもつ者は損をし、「貨幣」をもつ者は得**をする。

物と通貨の関係

1000万円だった土地が2000万円になるインフレを考えると、**「物」（土地）から見れば価値の上昇ですが、「通貨」から見れば価値の下落（購買力の低下）**となります。インフレ後の1000万円では半分しか土地が買えないからです。

インフレーションの結果

インフレでは土地・マンションなど**「物」をもつ者は得をし、**年金や賃金生活者など固定した**「通貨」収入で生活する者は損をします。**逆に借金のある者は、通貨価値の下落分だけ返済の負担が軽くなり得をします。

デフレーションの結果

デフレは需要の縮小、生産コストの低下などで起こり、インフレとは逆に、**「物」をもつ者は損をし、「通貨」をもつ者は得をします。**

Q05

なぜ物価は上がっているのに、日本人の給与は上がらない？

結論

物価上昇は原価高によるところが大きい。また日本では、より給与の高いアメリカ等に比べ**人材流動性が低く、労働生産性や低賃金労働が改善しにくいことも理由**とされている。

Q05-1 アメリカは解雇しやすいって本当？

結論 解雇に関わる規制がないため解雇しやすく、**人材の流動化が日本より活発。**

アメリカでは即日解雇が可能

アメリカでも日本でも、**雇用契約**を結ぶことで雇用が成立していますが、アメリカでは多くの労働者が**随意雇用**という契約形態であるという点が特徴です。

・KEYWORD

随意雇用

この契約形態は、**雇用主と従業員のどちらかがいつでも雇用契約を解約できる**というもの。アメリカの労働者の多くは、この随意雇用という形態で無期の雇用契約を連邦法と州法に則って結ぶ。

いくつかの解約に関する規定はありますが、基本的には自由に解雇や転職が可能になっています。そのため、日本などに比べて雇用の流動性が高いといわれています。

解雇できない場合もある

連邦法では個人の**差別**を理由にした不当な解雇は禁じられています。また、従業員からの**差別に対する主張**を理由に、解雇することも禁じられています。これらの他に州法で規定されている禁止事項もいくつかあるため、**即日解雇が可能となっている中でも、かなり規制があり、労働者は守られています。**

Q05-2 外資系企業は日本の企業と働き方が違う？

結論 日本国内にある企業は、**国内の法律のもと働く。**

企業風土・文化は異なる

外国資本であろうと、日本国内で経済活動する企業は、日本の法律に従わなくてはなりません。労働基準法はもとより、商法などすべての法律が対象になります。しかし働き方の違いとしては、本社がある国の文化が色濃く反映されることが多く、人事の考え方、組織構造などで違いが出ることが多いと言われます。

Q06

市場の失敗ってどんなもの？

結論

市場がうまく機能しないこと。独占・寡占の形成や外部不経済などが存在する状態。

Q06-1 独占や寡占の形成って何のこと？

結論 **単一もしくは少数の企業がある市場を支配**し、競合が存在しない状態を指す。

市場がうまくいかないこともある

市場機構はすぐれたしくみですが、うまくいかない場合もあります。これを市場の失敗といいます。市場の失敗に対しては、政府がそのカバーに動きます（逆にいえば、市場機構のもとでの政府の役割は市場の失敗を解決すること）。市場の失敗には、**独占・寡占（かせん）の形成、外部不経済の存在、公共財の不足、所得格差の発生、景気変動による失業の発生**などがあります。

独占・寡占の形成とは

独占（1社が市場を支配すること）、寡占（数社が市場を支配すること）が生じ（2つあわせて**〔広義の〕独占**といいます）、少数の大企業に市場が支配されると自由な競争は行われず、市場機構ははたらきません。この場合国が独占禁止政策を行い、**独占・寡占の弊害（へいがい）を排除して市場機構がはたらく**ようにします。

▼ 独占・寡占の違い

Q06-2 外部不経済ってどういうもの?

結論 **経済活動が供給者と需要者以外の第三者にマイナスの影響を与える**こと。

外部不経済は、市場外への影響

経済活動が、売り手(供給者)と買い手(需要者)以外の、市場外にいる第三者に**マイナスの影響を与える場合**を外部不経済、**プラスの影響を与える場合**を外部経済といいます。2つあわせて外部効果とよびます。

外部不経済の例としては、工場排出物によって大気汚染・水質汚濁(おだく)など公害が発生すること、開発によって環境が破壊されること、などがあげられます。これらは市場機構では解決できないので、政府が公害規制、開発規制を行います。

Q06-3 そのほかの「市場の失敗」にはどんなものがある?

結論 **公共財が不足**したり、**所得格差や景気変動による失業が発生**したりするものも、市場の失敗にあたる。

公共財の不足とは？

道路・上下水道・公園などの社会資本や、警察・消防などの**公共財**は、国民の生活にとって必要ですが、ビジネスとして**利益を得る仕組みが作れない**ので市場機構ではどの民間企業も供給しません。そのため、**これら公共財は政府が供給することになっています。**

所得格差や景気変動による失業も市場の失敗

所得格差や景気変動による失業が発生するのは自由な競争の結果ですが、国民に不利益な状態なので、この場合も政府が介入し、改善に取り組みます。

Q07

カルテルとかトラストって何のこと?

結論

どちらも**同一業種の企業が結合して大きくなり、市場を独占すること。**

Q07-1 カルテルやトラストって何が違う?

結論 **カルテル**は**生産量や価格について協定を結ぶこと**、**トラスト**は**合併などで大きな企業をつくること**である。いずれも**独占禁止法**による禁止・制限を受ける。

資本の集中のパターン

一つの企業が利潤を蓄積して大きくなることを資本の集積といいますが、**複数の企業が結合して大きくなることは資本の集中（または企業の集中）とよばれます**。資本の集中には古くから以下の3つのパターンがあります。

▼ **資本の集中の3パターン**

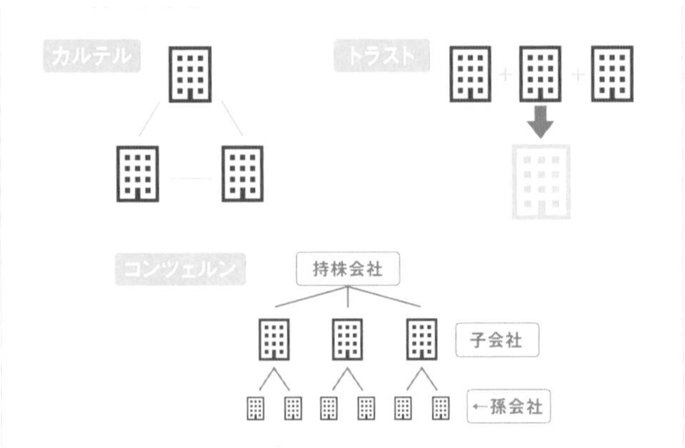

POINT

①カルテル（企業連合）

同一業種の企業が、**生産量・価格などについて協定を結ぶこと**。各企業は独立性を保っている。独占禁止法により、原則として禁止されている。

②トラスト（企業合同）

同一業種の企業が、合併などで**1つの大きな企業をつくること**。独占禁止法による制限を受ける（巨大企業出現で競争を制限してしまうような場合には認められない）。

③コンツェルン（企業連携〔結合〕）

持株会社（親会社）が、**さまざまな業種の企業を、株式保有を通じてピラミッド型に支配し、グループをつくること**（戦前の日本の財閥はこの形態）。第二次大戦後、禁止されたが、**現在は原則解禁されている。**

Q07-2 独占禁止法とはどんなもの？

結論 **独占や寡占を防ぐため**に制定された。公正取引委員会が運用しており、カルテル・トラストなどを規制している。

独占禁止政策は経済情勢等により変化する

独占禁止法は**（寡占を含む広い意味での）独占の行き過ぎを防ぐため1947年に制定**され、行政委員会の一つである**公正取引委員会がその運用を行っています。**独占禁止政策は、その時々の経済情勢・国際情勢により変化してきました。たとえば、過度の独占を招くとして1947年以来禁止されてきた持株会社は、1997年の独占禁止法の改正で原則解禁となりました。

独占禁止法の認める例外

独占禁止法は1953年の改正で、不況カルテル・合理化カルテルを認めた（しかし99年に廃止）。また、書籍・CD・新聞などで、メーカーが小売店に定価販売を義務づける**再販売価格維持制度（再販制度）**も認めている。

Q07-3 M&Aって何？独占禁止法には引っかからないの？

結論 **複数の産業・業種で合併・買収を行うこと**である。同一業種ではなく複数の業種にまたがるものなので、**独占禁止法違反ではない。**

企業はM&Aによって巨大化・多国化する

M＆Aはコングロマリットや多国籍企業を形成する手段として用いられています。

POINT

コングロマリット（複合企業）

さまざまな産業・業種で企業の合併・買収（M&A）を繰り返し、多角的に展開する巨大企業のこと。トラストが同じ業種間の合併であるのに対し、複数の産業・業種にまたがっていることが特徴。

多国籍企業

複数の国に子会社を置き、国境を超えて事業を展開する巨大企業のこと。中小国のGDPに匹敵するほどの売上高をもつ企業もある。

Q07-4 携帯キャリアの事務手数料がほぼ同じなのは独占禁止法違反じゃないの？

結論 公正取引委員会は、事務手数料について特に違反としていない。なお、**「1円スマホ」は独占禁止法違反の可能性がある**と結論づけた。

独占禁止法の不当廉売

独占禁止法には**不当廉売**を違法とする規定が設けられています。不当廉売とは、正当な理由がないにも関わらず、原材料価格や仕入れ値を度外視した**著しく低い対価で商品やサービスを継続的に供給、販売し、他の事業者の事業活動を困難にさせるおそれがある行為**です。

公正取引委員会は、いわゆる「1円スマホ」が不当廉売につながるおそれのある販売方法とみなしています。

2章

金融

この章で扱う主なTOPIC

Q08

金利って何?

結論

お金の借り手が貸し手に支払う報酬のこと。

Q08-1 金利はなぜ上がったり、下がったりするの?

結論 みんなが**お金を必要とするときは上がり**、みんなが**お金を使いたがらないときは下がる。**

金利は金融の仕組みと関連する

資金の貸し借りを**金融**(きんゆう)といいます。一般的に、企業はいつでも資金を必要とする一方、家計は将来のために貯蓄するので、今すぐには使わない資金をもっています。**金融機関(銀行など)は、家計から預金を集め、それを企業に貸し出し、家計から企業への資金の移動を仲介**(ちゅうかい)します。この時、**借り手が貸し手に支払う報酬**(ほうしゅう)**が利子(金利)**です。

▼ **家計から企業への資金の流れ**

金利は、主として需要と供給のバランスによって決まります。具体的にいうと、お金を借りたい人が多いときには金利は上がり、少ないときには下がります。

Q08-2 住宅ローンの固定金利と変動金利って何？

結論 固定金利は**一定の期間もしくは全返済期間を通じて利率が変動しない**が、変動金利は**利率が変動する**。固定金利には、**全期間固定のタイプ**と**一定期間固定のタイプ**がある。

変動金利は長期の場合リスクが高くなる

住宅ローンには大きく固定金利と変動金利という2つの種類があります。その名の通り、固定金利は利率が全返済期間を通じて変わりません。一方、変動金利は、利率が変動する可能性があります。

返済当初の利率は一般的に固定金利よりも変動金利の方が低くなります。また、利率が変わらなければ、そのまま低い利率の恩恵を受けられることになります。しかし、利率が上がると、月々の返済額が増えるため、ローンを借りたときに立てていた返済計画との間に齟齬が生じ、最悪の場合、**返済が困難になるリスク**があります。

それに対して**固定金利の場合には、変動金利に比べて利率が高くなりますが、月々の返済額は一定のままなので、金利上昇によって返済困難となるリスクは免れる**ことができます。

借入期間や家計の余裕で判断を

利率が上昇するか否かの予測は、返済期間が長くなればなるほど、見通しが難しくなります。したがって、**借入期間の長さ**や、**金利上昇のリスクに耐えることができるかどうか**、**将来的な家計の予定**などを考慮しながらどちらを選ぶべきか検討するとよいでしょう。

Q09

為替ってそもそも何?

結論

売買代金の受払いなどを、現金を輸送せずに行う手段である。

Q09-1 外国為替って何?

結論 **国際間の通貨の移動（決済）のこと**である。

外国通貨交換の場が外国為替市場

外国為替手形などを使って行われる国際間の通貨の移動（決済）を**外国為替**、通貨間の交換比率を**外国為替相場**（為替レート）、交換の場を**外国為替市場**とよびます。

為替レートには2種類ある

世界の通貨の約束事は、**IMF（国際通貨基金）**で決められます。**為替レートの決め方には、固定相場制と変動相場制の2種類があります。**

Q09-2 変動相場制と固定相場制って何が違うの?

結論 変動相場制は、**通貨の交換比率を市場での自由な取引の結果にまかせる。**固定相場制では、**1ドル＝360円というように交換比率をあらかじめ国家間の約束できめてしまう。**

変動相場制の仕組み

変動相場制は、通貨間の需要と供給の関係で為替レートが決まる仕組みです。**現在主要国はこの変動相場制を採用**しています。野菜市場のキュウリやナス同様、需要>供給なら値上がり、需要<供給なら値下がりします。

▼ 固定相場制と変動相場制の違い

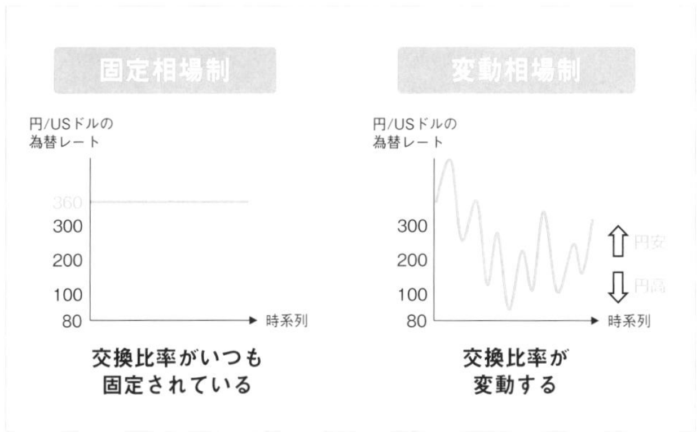

円を必要とする人が増えれば（円の需要増）、円のレートは上がり（円高）、円を手放す人が増えれば（円の供給増）、円のレートは下がります（円安）→円高・円安の詳細はQ10参照。

▼ 円のレートの増減

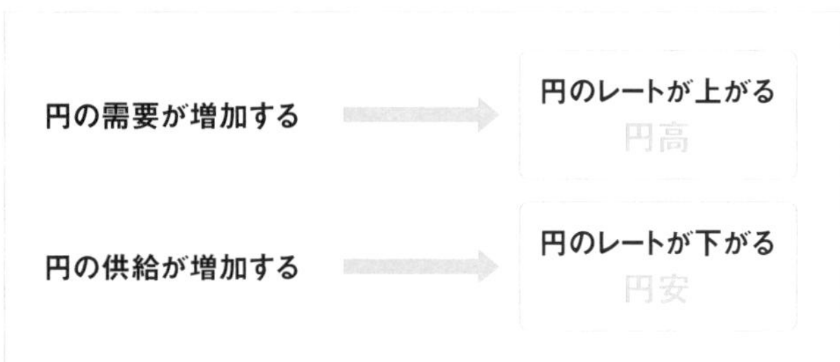

購買力平価説

為替相場は各国通貨の購買力の比で決まるとする考え方を**購買力平価説**（こうばいりょくへいかせつ）という。例えば、同じハンバーガーがアメリカで2ドル、日本で300円なら、2ドル＝300円（1ドル＝150円）ということになる。ただ購買力以外の要素もあるので、為替相場は購買力の比をベースとしながらも、通貨間の需要と供給との関係で上下すると考えよう。

為替介入

変動相場制のもとにおいても**為替相場を一定方向に誘導するために、各国の中央銀行が意図的に外国為替市場で通貨の売買を行う**ことがあります。これを**為替介入**といい、各国が協力して行う場合を**協調介入**とよびます。円高・ドル安をめざした**プラザ合意**（1985年）による協調介入（→詳細はQ31）、プラザ合意後の急激なドル安の抑制をめざした**ルーブル合意**（1987年）による協調介入が有名です。

Q10

円高・円安って結局どちらがよいの？

結論

円高では輸入が有利、円安では輸出が有利。どちらにもメリット・デメリットがある。

Q10-1 そもそも円高ってどういうことだっけ？

結論 **円高＝「円の価値が高くなること」。1ドル＝○○円の○○の数字が高くなることではない**ので注意！

円の需要が高まった状態が円高

まずは円高について解説します。例えば、1ドル＝100円から1ドル＝80円になったとします。はじめは1ドルの商品を買うのに100円を払う必要がありましたが、**1ドル＝80円になると、1ドルの商品を買うのに80円で済むようになります**。これは**円の需要が高まり、相対的に円の価値が上がった**ためです。この状態を円高ドル安といいます。円高ドル安の代表的な要因は次の5つです。

IMPORTANT

円高ドル安の原因となる事例

❶**日本からアメリカへの輸出増加**…商品を買ったアメリカ企業が支払い用の円を用意するため、円買い・ドル売りが行われ、円高になる。

❷**アメリカ企業による日本への投資増加**…日本への投資のため円が必要となり、円買い・ドル売りが行われ、円高になる。

❸日本の方がアメリカより高金利…ドルを円にして日本で預金するほうが利益を得られるので、円買い・ドル売りが行われ、円高になる。

❹日本に来るアメリカ人観光客の増加…日本での旅行に円が必要なため円買い・ドル売りが行われ、円高になる。

❺アメリカの物価上昇（インフレ）…アメリカの物価上昇は、ドル紙幣から見れば価格の下落であり、逆に円の価値は相対的に上昇する（円高となる）。またアメリカ商品の価格上昇により、割安になった日本商品の輸出が増えることでも円高になる。

Q10-2 円高でどんな影響がある？

結論 日本への**輸入品の価格が低下して需要が増え、輸出品は価格が高くなって売れにくくなる**。

日本の輸入業者や旅行者にとって有利になる

1ドル＝100円の商品が、1ドル＝80円になった事例を考えてみましょう。

まず、**日本からの輸出が不利になります**。アメリカ人がドルで100万円の自動車を購入したとします。1ドル＝100円なら1万ドルですが、1ドル＝80円の場合1万2500ドルが必要になります。ドルで生活するアメリカ人にとっては大幅な値上げです。当然購入を控えます。つまり、**円高では輸出が減り、日本の輸出企業には不利になります**。

一方で、日本の輸入業者は有利になります。1万ドルの小麦粉をアメリカから輸入すると、1ドル＝100円なら100万円必要ですが、1ドル＝80円の場合は80万円のコストで済むようになるのです。つまり、**円高は日本の輸入業者にとって有利でアメリカからの輸入は増えます。**

また、日本からの旅行者目線ではドルが安価で入手できるため海外に行きやすくなります。

Q10-3 円安ってどういうことだっけ？

結論 **円安＝「円の価値が下がること」。**

円の需要が下がって円の価値が下がる状態

では円安はどうでしょうか。例えば、1ドル＝100円から1ドル＝120円になったとします。はじめは1ドルの商品を買うのに100円必要でしたが、**1ドル＝120円になると、1ドルの商品を買うのに120円かかるようになります。**これは円の需要が下がり、相対的に円の価値が下がったためです。この状態は円安ドル高と呼ばれます。その要因は以下のようなものがあります。

IMPORTANT

円安ドル高になる代表的な要因（円高ドル安の反対）

❶アメリカから日本への輸出増加

❷日本企業によるアメリカへの投資増加

❸アメリカのほうが日本より高金利

❹アメリカに行く日本人観光客の増加

❺日本の物価上昇（インフレ）

Q10-4 円安でどんな影響がある？

結論 日本からの**輸出品の価格が低下して海外で売れやすくなり、輸入品は価格が高くなって売れにくくなる。**

日本の輸出企業や外国人観光客にとって有利になる

1ドル＝100円の商品が、1ドル＝120円になった事例を考えてみましょう。まず、日本の輸出が有利になります。アメリカ人がドルで100万円の自動車を購入したとします。これは1ドル＝100円なら1万ドルになりますが、1ドル＝120円になると約8333ドルに値下りして、多く買われます。**円安では輸出が増え、日本の輸出企業には有利になります。**

一方で、輸入業者は不利になります。1万ドルの小麦粉をアメリカから輸入する場合、1ドル＝100円なら100万円ですが、1ドル＝120円になると120万円のコストがかかり、輸入しづらくなります。**つまり円安は日本の輸入業者にとって不利で、アメリカからの輸入は減ります。**

またアメリカ人目線では円が安価で入手できるため日本への旅行者が増え、観光業界は盛り上がります。

Q11

株主になると何ができるの？

結論

所有する株式の数によって**配当を得たり、株主総会で議決権を行使したり**することができる。

Q11-1 そもそも株式にはどんなメリットがあるの？

結論 **少額でも出資できる**ため多くの人が出資しやすく、**会社が倒産しても出資額を失うだけで済む。**

株式会社の特徴

株式会社は、以下の点から、大規模な経営に向いている会社といわれています。

POINT

特徴❶小口の株式

経営の元手となる資金（**資本金**）を出資しやすいように、小口の**株式**に分割し、小額でも出資できるようにしている。そのため多くの人から出資が得られる。

特徴❷有限責任

株主（株式を購入し出資者となった者）の責任は、**出資の範囲**に限られる（**有限責任社員**）。したがって、会社が倒産しても出資額を失うだけで済み、安心して出資することができる。

特徴❸流通性

証券取引所に上場された株式は、証券会社などを通じて自由に売買することができる。

Q11-2 株価ってどうやって決まるの？

結論　様々な要因によって決まるが、**一番大きいのは企業業績**である。

株価の変動要因

株価が変動する要因は、大きく❶企業業績、❷企業業績以外の要因があります。**❶は、具体的には企業の売上げ・利益など**であり、株価の値動きに最も影響を与える要素といえます。**❷の例としては金利の上昇や為替の変動、政治や経済の変化、戦争や天災の発生**などがあります。

Q11-3 株式会社ではない会社はどうやって出資されているの？

結論　株式会社ではない会社は**持分会社**という仕組みが設けられており**特定の少人数が出資する**形となっている。

持分会社の種類

持分会社は**合名**（ごうめい）**会社**、**合資**（ごうし）**会社**、**合同会社**に分けられます。分類のポイントは、社員の責任の範囲にあります。法律上、会社に資金を提供する出資者のことを**社員**といいます。社員は、**会社が債務**（さいむ）**（借金）を背負って倒産した場合に、その債務にどこまで責任を負うかで、無限責任社員と有限責任社員に分かれます。**

▼**社員の種類**

社員の種類	特徴
無限責任社員	会社の債務全額に責任を負う社員。個人財産をすべて使っても会社の債務を返済しなければならない。
有限責任社員	出資額の範囲で責任を負う社員。会社が倒産しても出資した金額を失うだけで済む（それ以上の責任はない）。

持分会社の種類

会社	特徴
合名会社	全員が**無限責任社員**からなる。
合資会社	**無限責任社員**と**有限責任社員**からなる。
合同会社	合同会社は、2005年の会社法制定に伴(ともな)って、それまでの**有限会社**が新たに設立を認められなくなった代わりに新設された（既存(きぞん)の有限会社は存続）。**全員が有限責任社員**からなり、この点は株式会社と同様であるが、株式会社とは違い、**定款(ていかん)自治**が大幅に認められる。定款とは、会社の根本規則のことであり、定款自治とは、社員の話し合いで定款を決めることである。これが株式会社よりも広い範囲で認められている（話し合いで決められる事項が多い）。例えば、出資額によらないで利益配分をするという取り決めも可能である（株式会社では不可）。

Q11-4 日経平均株価とかダウ平均株価って何のこと？

結論 日経平均株価は**日本で上場している主要銘柄**の、ダウ平均株価は**アメリカで上場している主要銘柄**の**平均株価を指数化したもの**である。

日経平均を構成する銘柄にはトヨタなどが含まれる

日経平均株価とは日本経済新聞社が選定した225銘柄から構成される平均株価のこと。トヨタ自動車、ソフトバンク、三菱地所など日本を代表する企業の銘柄が含まれています。

一方、**ダウ平均株価**は、S&P ダウ・ジョーンズ・インデックス社が、アメリカの代表的な30銘柄を選出し、所定の計算式で導き出している株価指数です。

どちらの株価も、国全体の景況感を示す基準として、投資家などが株式投資等を行う際に重要視されています。

Q12

投資信託ってどういうもの？

結論

運用会社が複数の株や債券等を売買、運用してくれる金融商品である。

Q12-1 よく聞くアクティブファンドって何？

結論 運用会社等が判断を行い、**日経平均などの株価指数を上回る投資成果を目指す投資信託**である。

投資信託の仕組み

投資信託は、投資のプロ（運用会社）によって運営される仕組みになっています。具体的には、運用会社が多くの投資家から集めたお金を、国内外の株式や債券などに投資して、それによって得られた利益が投資家に分配されます。

・KEYWORD

基準価額

投資信託の価格は「**基準価額**」といい、購入時の基準価額よりも解約時の基準価額が大きい場合に、利益を得ることができる。

資産運用の基準になる株価指数

運用会社が、資産運用の基準として参照するものの一つに**株価指数**（**市場指数**、**インデックス**ともいう）があります。これは、一定の基準で選ばれた複数の株式銘柄の価格などを所定の計算式によって1つの値に集約した指標であり、51ページの日経平均はインデックスの一つです。そうした代表的な株価指数を上回る投資成果（**パフォーマンス**）を目指して運用する投資信託を**アクティブファンド**といいます。アクティブファンドは市場平均以上のパフォーマンスを求めるため、期待通りの成果をあげた場合には得られる**利益（リターン）が大きくなりますが、反面、損失が生じた場合のリスクも大きくなります。**

Q12-2 インデックスファンドって何？

結論 **特定の市場指数と連動する成績を目指す投資信託。**

インデックスファンドは初心者向けの商品

▼ **アクティブファンドとインデックスファンドの違い**

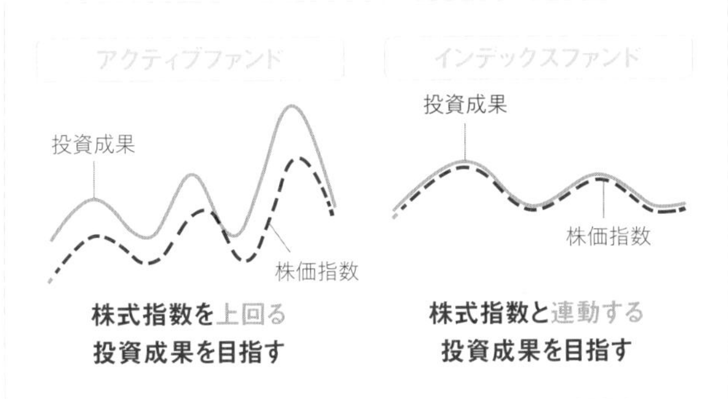

インデックスファンドは、特定の市場と連動するパフォーマンスを目指すため、アクティブファンドよりも、**得られる利益（リターン）は少なくなりますが、その分リスクが小さく、比較的安心して投資できる商品**と言われています。そのため、はじめて投資信託を購入するような投資初心者の場合にはインデックスファンドが勧められることが少なくありません。

Q13

ETFって何？

結論

金融商品取引所に上場している投資信託である。

Q13-1 株やインデックスファンドとは何が違うの？

結論 株式とは異なり、**指数に投資**する。インデックスファンドとは違い、**リアルタイムで投資できる。**

ETFの仕組み

ETF(Exchange Traded Fund、**上場投資信託**)は、その名の通り上場されている投資信託であり、**株式と同様に市場で売買**することができます。一般的な投資信託は上場しておらず、銀行などの金融機関の窓口やインターネットで購入する仕組みになっています。

IMPORTANT

ETFの投資対象

投資対象となるのは市場指数（インデックス）であり、その種類は国内株式指数だけでなく、外国株式や債券、REIT（不動産投資信託）、商品（コモディティ）などさまざまに存在する。

また、一般の投資信託に比べて、ETFは購入時の手数料や保有期間中の手数料（信託報酬）が安くなっているという特徴もあります。そのため**長期投資に適している**と言われています。

▼ 投資信託とETFの違いまとめ

投資信託の中で…

上場していない ――→ 一般の投資信託

上場している ――→ ETF
（※なおETFの多くはインデックスファンド）

Q13-2 ETFのメリット・デメリットにはどんなものがある？

結論 メリットとしては**価格がわかりやすいことなど**が、デメリットとしては**投資対象が限られていることなど**がある。

ETFは証券会社に口座があれば売買可能

ETFのメリット・デメリットとしては以下のような点があげられています。

POINT

ETFの主なメリット

❶リアルタイムで値動きするため価格がわかりやすい。

❷投資対象となる指数はさまざまな銘柄で構成されているため、自然と分散投資を行うことができる。

❸証券会社に口座があればすぐに売買することができる。

ETFの主なデメリット

❶分配金の再投資が自動的に行われない。

❷投資できる商品が限られている。

Q14

FXって何?

結論

ドルやユーロなどの**外国通貨を対象とした投資商品**であり、**信用取引**もできる。

Q14-1 どうやって儲けるの?

結論 **買いや売りによる利益や「スワップポイント」を得ること**で儲かる。

日本名は外国為替証拠金取引

FXは「Foreign Exchange」の略称で、「外国為替証拠金取引」が日本名となります。

FXではドルやユーロなどの外国通貨を買ったり、売ったりすることにより為替差益を得られます。しかも、**実際に保有する資金以上の取引(信用取引)を行うことができます**。具体的には取引を始める際に担保として預ける**証拠金**の数倍から十倍以上の売買を行う(「**レバレッジ**をかける」という表現が使われます)ことが可能です。また、**スワップポイント**から収益を得ることもできます。

・KEYWORD

スワップポイント

スワップポイントとは2国間の通貨の金利差によって生じる利益のこと。たとえば、円を売って日本よりも金利が高い国の通貨を買うと、その金利の差額をスワップポイントとして受け取ることができる。

Q14-2 どんなリスクがあるの？

結論 **利益が大きくできる反面、損失も大きくなるリスクがある。**

為替が短期で大きく変動するリスクもある

投資の世界では「ローリスク・ローリターン」「ハイリスク・ハイリターン」という言葉があります。

・KEY SENTENCE

ローリスク・ローリターン／ハイリスク・ハイリターン
これはリスクが低ければ得られるリターンも低く、反対にリスクが高ければリターンも高くなるという意味。

FXは信用取引を利用することによって利益を十倍以上にすることも可能であるため、投資メリットは大きいといえます。他方で、**大きなレバレッジをかけた場合には、損失も十倍以上になるおそれがある**ので、リスクは高くなります。

FXは細かなチェックも必要

また、**為替は短期で大きく変動することがある**ので、投資資金が多い場合などには、売買のタイミングを逃さないよう、頻繁にその動きをチェックすることも必要になり、株式投資などに比べると手間と時間がとられる可能性もあります。

▼ 株・投資信託・FXの特徴まとめ

株	＝投資したい銘柄の株式を購入する。
投資信託	＝投資のプロが株や債券を運用する。
FX	＝外貨を対象に投資する。レバレッジあり。

Q15

日本銀行は何をしているの？

結論

通貨を管理し、物価と金融システムの安定をはかっている。

Q15-1 具体的にはどんなことをしているの？

結論 お札を発行し、**金融政策を行っている。**

日本銀行は中央銀行

一国の金融(きんゆう)・通貨政策の中心となる銀行を**中央銀行**といいます。アメリカの中央銀行は**アメリカ連邦準備制度理事会（アメリカ連邦準備銀行）**、日本では**日本銀行**です。中央銀行に対し、民間の銀行を**市中(しちゅう)銀行**といいます。

日本銀行には、❶**唯一の発券銀行**であり、❷**政府の銀行**でもあり、そして❸**銀行の銀行**であるという3つの役割があります。それぞれの詳細は下記を参照ください。

POINT
日本銀行の役割

日本銀行には3つの役割があります。

❶**唯一の発券銀行**…日本銀行券（紙幣(しへい)）を発行する唯一の銀行である。

❷**政府の銀行**…国庫金の出納(すいとう)、政府への貸し出しを行う「**政府の銀行**」である。

❸**銀行の銀行**…市中銀行から預金を預かり、また市中銀行に資金を貸し出す「**銀行の銀行**」である。

金融政策と通貨供給量

日本銀行（日銀）は、景気の調整と物価の安定をはかるため**金融政策**を実施しています。金融政策は**世の中に出回っている通貨の供給量**のコントロールを通じて行います（金融政策の詳細は→Q16）。日銀の最高意思決定機関は**日本銀行政策委員会**です。

Q15-2 日銀がたくさんお金を刷れば経済は回復する?

結論 **円を刷りすぎればインフレの危険性**がある。が、**デフレにも注意が必要。**

インフレになる理由は?

インフレとはモノに対してお金の価値が下がることです。歴史的に中央銀行がお金を刷りすぎると、お金に対する信用が下がり、モノの方が重要視され、モノの価値が高くなる現象が起こりました。そのため、**お金を刷りすぎることは、インフレを招き、経済を混乱させる原因になる**と考えられています。

日本はまずデフレ脱却を目指す

ただ日本ではバブル崩壊以降、デフレスパイラルによる不況に長く苦しんだ歴史もあり、**経済政策においてはまずデフレ脱却を目指しています。**

Q16

金融緩和・金融引き締めって何？

結論

市場に出回るお金の供給量を増やすのが金融緩和、逆に**供給量を減らす**のが金融引き締めである。

Q16-1 金融緩和・金融引き締めはどんなときにやるの？

結論 **経済を活性化させたいときに金融緩和**を行い、**経済の過熱を抑制したいときに金融引き締め**を行う。

通貨の供給量と景気・物価の関係

世の中に出回っている通貨量（通貨の供給量）と物価・景気とは次のような関係があります。

通貨の供給量が増える➡有効需要が増える➡好況・インフレに向かう
通貨の供給量が減る　➡有効需要が減る　➡不況・デフレに向かう

好況はよい状態で何もする必要がないと思うかもしれませんが、行き過ぎると景気が過熱し、インフレが激しくなり経済は混乱します。そのため、好況が強まる（過熱状態となる）と、金融引き締め政策を実施するのが一般的です。

PLUS α **マネーストック統計**

日銀は、さまざまな通貨の供給量を**マネーストック統計**として発表している。準通貨（定期性預金など）やCD（譲渡性預金）、投資信託、国債など、**どの範囲までを通貨と考えるかで、M1、M2、M3、広義流動性という4つの種類がある。**

❶**M1**＝現金通貨＋預金通貨（預金通貨の発行者は、全預金取扱機関）

❷**M2**＝現金通貨＋預金通貨＋準通貨＋CD　（但し預金通貨、準通貨、CDの発行者は、国内銀行等に限定）

❸**M3**＝現金通貨＋預金通貨＋準通貨＋CD　（但し預金通貨、準通貨、CDの発行者は、全預金取扱機関）

❹**広義流動性**＝M3＋投資信託＋金融債＋国債など

Q16-2 金融緩和・金融引き締めは誰がどのようにやるの？

結論 **日銀**が**公開市場操作**と**預金準備率操作**などによって行う。**なお、現在は公開市場操作が中心。**

通貨量を増減させて操作する

日銀は世の中に出回る通貨量を増減させるために、**公開市場操作**と**預金準備率操作**の２つの手段を持っており、金融緩和の方法として利用されています。なお、現在は預金準備率操作は用いられていません。

公開市場操作と預金準備率操作のちがいを知る

公開市場操作は、日銀や市中銀行が保有する国債や手形などの**有価証券（通常、日銀や市中銀行はかなりの分量を保有している）の売買を通じて通貨量を調節**します。

POINT

― 公開市場操作の方法

❶現在不況でそれを好況に向かわせたい場合…日銀は有価証券を市中銀行から買い上げる。これを**資金供給（買い）オペレーション**という。こうすると、日銀から代金が市中銀行に支払われ、市中銀行の手持ち資金が潤沢（じゅんたく）になる。資金が余り気味なので金利は下がり、企業も借りやすいため企業への貸し出しが増える。その結果、世の中の通貨量は増大し、好況・インフレへと向かう。

❷現在好況（景気の過熱）でそれを不況（景気の冷却）に向かわせたい場合…日銀は保有する有価証券を市中銀行に売る。これを**資金吸収（売り）オペレーション**という。効果は資金供給の逆である。

預金準備率（支払準備率）操作では、市中銀行が日銀に預金の一部を預ける際の**預金準備率（支払準備率）を日銀が上下させて通貨量を調節**します。

POINT

― 預金準備率操作の方法

❶現在不況でそれを好況に向かわせたい場合…日銀は預金準備率を下げる。日銀に預けなければならない資金が減るため、その分、市中銀行に多くの資金が残り、企業への貸し出しが増える。その結果、世の中の通貨量は増大し、好況・インフレへと向かう。

❷現在好況（景気の過熱）でそれを不況（景気の冷却）に向かわせたい場合…日銀は預金準備率を上げる。効果は下げた場合の逆である。

Q16-3 ニュースで聞く政策金利とは？

結論 景気や物価などの金融政策上の目的を達成するため、**中央銀行が設定する短期金利のこと**である。

住宅ローンなどの金利も政策金利の影響を受ける

日銀が金融政策を行う際に**誘導目標とする金利**を政策金利といいます。日銀は経済情勢に合わせ、この金利を適切な水準に誘導し、金融政策の目的を実現します。規制金利の時代には、日銀は、公定歩合（こうていぶあい）（日銀が市中銀行に資金を貸し出す際の金利）を政策金利としましたが、金利の自由化によってそれもできなくなりました。現在は**コールレート（市中銀行間で短期資金を貸し借りする際の金利）の中の、オーバーナイト物の金利**[*1]を政策金利として、公開市場操作などで誘導しています。この政策金利に住宅ローンなど他の金利も影響をうけるので、日銀は政策金利の誘導を通して世の中の金利水準全体の誘導・調節を行っています。

*1　これは、無担保で借りるが翌日には返済するという銀行間取引の金利である。

IMPORTANT

2024年にマイナス金利政策を解除

日銀は金融機関が日銀に預けた当座預金の一部にマイナス金利を設定し、**お金を預けた金融機関側が利子を払わなければならない**ようにしてきた。これは金融機関が市中にお金を回すことを促し、物価上昇を狙ったものである。しかしデフレ脱却のメドが立った2024年、日銀はこの政策を解除し、金利をプラスへと転換した。これに伴って住宅ローンの金利上昇等の影響も考えられ、金利上昇により円安の流れを変えるのではとの見方もある。

Q17

金本位制度と管理通貨制度の違いって?

結論

通貨の価値の裏付けが違う。**現在は各国が管理通貨制度**を採用している。

Q17-1 具体的に金本位制度とは?

結論 **通貨と金の交換を保証し、通貨の価値を金に連動させる通貨システム**のことである。

通貨の役割と種類

1万円札や1ドル札など、一般的にお金とよぶものを通貨(貨幣)といいます。通貨には次の4つの役割があります。

POINT
通貨の役割

❶値段の表示から商品の価値を計る**価値尺度**(しゃくど)
❷商品流通の仲立ちをする**交換手段**
❸価値(富)を保存しておく**価値貯蔵手段**
❹預金からの引き落としなどによって債務(さいむ)(借金)を決済する**支払手段**

金本位制度とは?

金本位制度は一国の通貨の基本に金を置き、金との交換が保証された紙幣(兌換紙幣)を発行する制度です。金と紙幣との交換比率を**金平価**(きんへいか)といいます。

POINT

— 金本位制度の長所

国（中央銀行）の金保有量までしか紙幣を発行できないため**通貨価値が安定・インフレの危険性が少ない**ことなど。

— 金本位制度の短所

通貨量が金保有量に拘束（こうそく）され、景気の調整に大きな役割を果たす**通貨の供給量を柔軟に調節できない**ことなど。

金本位制度から管理通貨制度へ

世界恐慌をきっかけとして、政府が積極的に経済に介入するケインズ主義を各国が採用すると、**通貨の供給量の調節が不可欠になり、各国は管理通貨制度に移行**しました。

Q17-2 具体的に管理通貨制度とは?

結論 国の中央銀行や政府が**通貨を金準備に拘束されずに発行できる**通貨制度のことである。

管理通貨制度とは?

管理通貨制度は金との交換が保証されない紙幣（不換紙幣）を発行する制度です。

POINT

— 管理通貨制度の長所

金の量と関係なく紙幣を発行できるため、景気の変化に合わせ柔軟に通貨の供給量を調節できることなど。

— 管理通貨制度の短所

いくらでも紙幣を発行できるので、通貨価値が不安定となり、インフレの危険性があることなど。

Q18

キャッシュレス決済には どんな種類がある？

結論

クレジットカード、電子マネー、スマートフォン決済などがある。
現金を使用せずにお金を払う仕組みである。

Q18-1 個人がキャッシュレス決済を利用することのメリット・デメリットは？

結論 **現金をもたずにすむことなどがメリット**で、**情報流出のリスクや災害時に使いにくいことなどがデメリット**である。

消費者にとってのメリット・デメリット

現在、キャッシュレス決済の主な種類としては、**クレジットカード**、**デビットカード**、**電子マネー（プリペイド型）**や**スマートフォン決済**などがあります。消費者にとってのメリット・デメリットとしては、以下のような点があげられています。

POINT

消費者のメリット

現金をもたずにすむので紛失のリスクを減らせる、支払いをスムーズに行える、ポイントが獲得できる、お得に買い物ができる…など。

消費者のデメリット

クレジットカード情報の流出などにより不正利用されるリスクがある、端末の故障時や災害時には利用できない、お金を使いすぎてしまう危険がある…など。

Q18-2 お店側がキャッシュレス決済を利用することのメリット・デメリットは？

結論 **レジ業務や売上管理の合理化**などがメリットであり、**導入のために費用や準備の手間がかかる**ことなどがデメリットである。

お店側にとってのメリット・デメリット

お店側のメリット・デメリットには以下のようなものがあります。キャッシュレスになることにより**レジでの精算がスムーズ**になるなどのメリットばかりだと思われがちですが、一方で導入に**手間や初期費用がかかったり、手数料による負担が増えたり**といったデメリットもあります。

POINT

お店側のメリット

レジ業務や売上管理の合理化・簡易化、現金管理業務の効率化、キャッシュレス決済を好む新規顧客の獲得、客単価の向上…など。

お店側のデメリット

初期費用がかかる、導入にあたってスタッフの教育などの準備が必要となる、現金で支払う顧客もいるので現金管理も同時に行う必要がある、決済手数料の負担が生じる、売上が振り込まれるまでに時間がかかり、その間の店の運営費が必要となる…など。

Q19

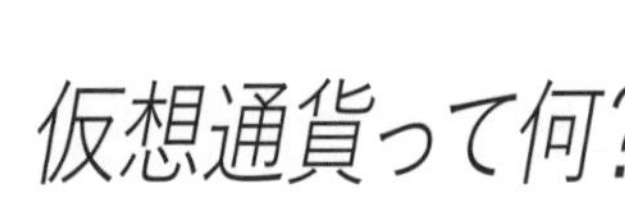

仮想通貨って何?

結論

インターネット上でやりとりできる財産的価値である。

Q19-1 仮想通貨にはどんなものがある?

結論 有名なものは**ビットコイン**や**イーサリアム**などがあるが、総数は数千以上とされている。

法律上は「暗号資産」という名称

仮想通貨は、法律上は「**暗号資産**」と呼ばれています。よく知られている仮想通貨としては2009年に登場したビットコインや2015年に一般公開されたイーサリアムがあげられますが、毎年のように新たな暗号資産が生まれており、その種類は数千以上にのぼるといわれています。

IMPORTANT

仮想通貨の定義

資金決済法(正式名称は「資金決済に関する法律」)では、仮想通貨とはインターネット上でやりとりできる財産的価値であり、以下の性質をもつものと定義されている。

❶不特定の者に対して、代金の支払い等に使用でき、かつ、法定通貨(日本円や米国ドル等)と相互に交換できる。

❷電子的に記録され、移転できる。

❸法定通貨または法定通貨建ての資産(プリペイドカード等)ではない。

Q19-2 仮想通貨って安全面は大丈夫？

結論 トラブルをふまえ、消費者や投資家保護のために**厳しい規制が課されている。**

決済手段としてはほとんど使われていない

仮想通貨は、そもそもネット上での簡易な決済のために考案されたものでした。しかし、日本では**決済手段としてよりも投資対象となっている**現状があり、**仮想通貨を巡ってこれまで投資詐欺や交換業者の消費者対応を巡るトラブルが発生**し、消費者や投資家が被害を受けるケースが繰り返されてきました。

規制も進んでいる

そこで国は、**消費者や投資家の保護を図るために、資金決済法の改正などを通じて、仮想通貨の規制を強めています。**

POINT

暗号資産に対する規制

暗号資産（仮想通貨）交換業者を登録制にしたり、暗号資産交換業者にシステムで取り扱う情報について安全管理措置を講じることを義務付けたり、広告・勧誘に関する規則を設けるなどの制度整備が進められてきた。

3章

国民所得

この章で扱う主なTOPIC

Q20

国の経済規模ってどうやってわかるの？

結論

国富（ストック）と国民所得（フロー）という2つの指標がある。

Q20-1 そもそもストックとフローってなに？

結論 **ストックはある時点での蓄積された量を示す数値**であり、一方、**フローは特定の期間の成果を示す数値**である。

国富はストック、国民所得はフロー

▼ **経済規模の指標**

経済規模の測定 ― 国富 / 国民所得

国の経済規模を測る指標には国富と国民所得があります。国富は**ある時点までに蓄積された一国の保有資産**を表すためストックに、国民所得は**国の経済活動で1年間に生み出された価値**（付加価値）**の合計**を表すためフローに該当します。

Q20-2 国富って具体的にどうやって測るの？

結論 **国内の実物資産**（不動産や貴金属など形のある資産）＋**対外純資産**（政府・企業・個人が外国に保有する資産から負債を引いたもの）で計測する。

国富の測り方

国富は国内の実物資産と対外純資産からなります。日本は土地（地価）が高いため、**国富の多くを土地（地価）が占めます。** 国富には土地や工場、道路、港湾など生産に欠かせない必要物が含まれるので、**国富の大きさは、国民所得に大きな影響を及ぼします**（国富に支えられ国民所得が生み出されます）。

Q20-3 国民所得って具体的にどうやって測るの？

結論 ❶生産国民所得・❷分配国民所得・❸支出国民所得という3つの側面で集計する。

国民所得は3つの面で計測できる

国民所得は**国の経済活動で1年間に生み出された価値**（付加価値）**の合計**です。国民所得は、❶どの産業で生み出されたか（生産国民所得）、❷どのように国民に分配されたか（分配国民所得）、❸どのように国民が使ったか（支出国民所得）の3面から集計されますが、同じものを3面から見ただけであり、金額は等しくなります。これを三面等価の原則といいます。

三面の構成

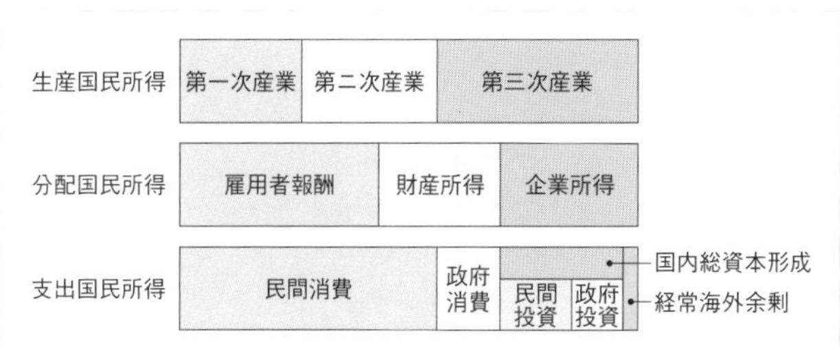

Q21

GDPって何？

結論

ある国で**1年間に生産されたモノ・サービスの付加価値の合計金額**のこと。

Q21-1 GDPとGNPの違いは？

結論 **GNPは国民が生み出した価値**を測定するもの。そのうち**国内で生み出されたものがGDP**。

GDPの導き出し方

GNPはその国の「国民」**が生み出した価値**（日本人・日本企業が生み出せば海外生産でも含めます）です。ここから、国外からの影響分を取り除き、**日本「国内」で生み出された価値**（日本人・日本企業が海外生産したものは含めず、逆に「国内」であれば外国人・外国企業が生産したものでも含めます）にしたものが国内総生産（GDP）です。

▼ **GDPの導き出し方**

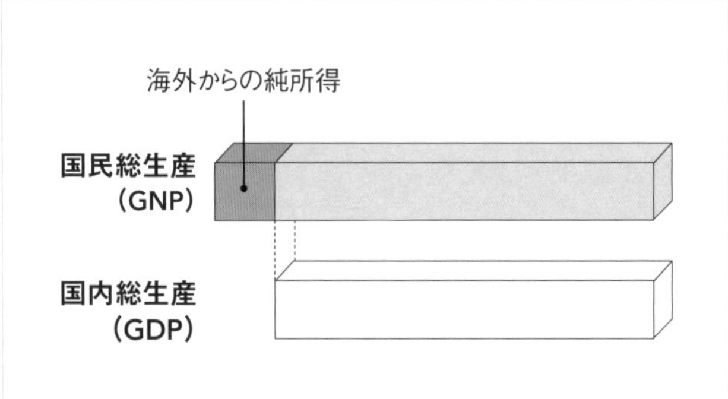

GNPからA(日本国民の海外での所得)を差し引き、B(外国人の日本国内での所得)を加えるとGDPとなります(GDP＝GNP－A＋B)。なお、AとBを( )でくくると、GDP＝GNP－(A－B)。この(A－B)は**海外からの純所得**と呼ぶので、GDP＝GNP－海外からの純所得と表現されます。

・KEYWORD

GNI

今まで国民総生産(GNP)という用語が使われていたが、2000年から、政府統計の国民総生産(GNP)の名称は国民総所得(GNI)に変わった。これは、GNPを所得面からとらえた指標である。

Q21-2 ほかにはどんな指標があるの?

結論 国民純生産NNP、国民所得NIなどがある。

NNPとNIの導き出し方

企業が100万円の商品を生産したとしても、その生産のために機械代が10万円かかっていたら、**本当に生み出した価値は10万円を差し引いた90万円分**です。この機械代のことを固定資本減耗(減価償却費)といい、**これを国民総生産(GNP)から差し引いたものが、国民純生産(NNP)**です。

また、市場価格は**間接税**(消費税など)の分だけ高くなり、政府が**補助金**を出せばその分だけ安くなるので、**間接税分を差し引き、逆に補助金分を加え、本来の価格で計算**することもあります。**これが(狭義の)国民所得(NI)**です。

▼ NNPとNIの導き出し方

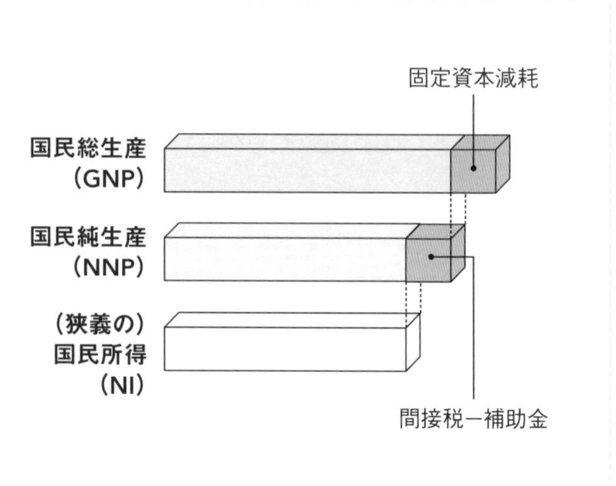

Q21-3 本当にGDPで生活の豊かさは測れるの?

結論 必ずしも完全には一致しないため、**環境悪化などの要因を差し引いた指標も存在する。**

国民所得と生活の豊かさ

だいたいにおいて国民所得の拡大は生活の豊かさの拡大とイコールですが、完全には一致しません(空気が汚れて国民生活が不幸でも、マスクが売れれば国民所得は拡大します)。そこで、国民生活の豊かさを示す指標として、次のようなものが提唱されています。

POINT

国民所得以外の指標

国民純福祉（NNW）

公害や環境悪化などをマイナス要因、家事労働や余暇（よか）時間などをプラス要因として、GDPを修正するもの。

グリーンGDP（EDP）

GDPから、環境破壊による経済的損失を差し引いてGDPを修正するもの。

Q22

「経済成長率」ってどういう指標？

結論

主にGDPが**昨年のGDPに対してどう上下したかという変化率**のこと。ただし、四半期ごとに算出することもある。

Q22-1 そもそもどうやって算出するの？

結論 主に**（今年のGDP－前年のGDP）÷前年のGDP×100**で算出する。

そもそも経済成長とは

景気循環を繰り返す中で、経済の規模がもとよりも大きくなっていくことを**経済成長**といいます。現在では、日銀の金融政策、政府の財政政策によって波を穏やかにしながら成長が図られています（何もしなければ急上昇、急下降のギザギザ形の波となってしまいます）。

▼ **金融・財政政策による経済成長**

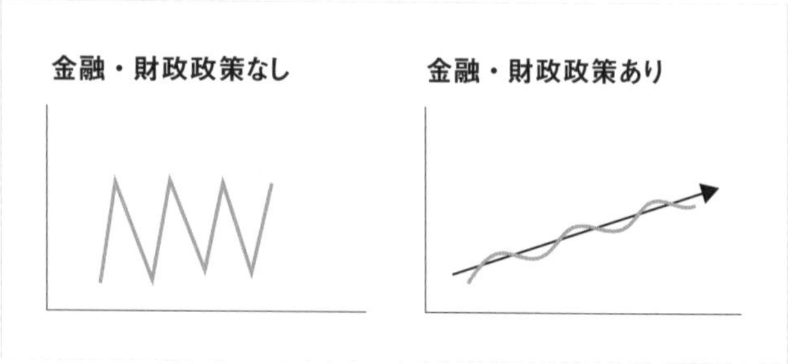

金融・財政政策なし

金融・財政政策あり

KEYWORD

経済成長率

経済成長は今年と前年の国民所得（通常GDPを使う）を比較すればわかる。前年と比較した今年のGDPの変化率が**経済成長率**である。

▼ 経済成長率を求める公式

$$経済成長率 = \frac{今年のGDP - 前年のGDP}{前年のGDP} \times 100$$

景気の変動には4つの局面がある

資本主義経済には**景気変動**（**景気循環**）があり、**好況・後退・不況・回復**の4つの局面を繰り返します。特に急激で深刻な不況を**恐慌**といいます。好況期には商品がよく売れ、在庫が減り、生産は拡大します。設備投資も多くなり、資金需要が増えて金利が上昇し、雇用が拡大して賃金も上がります。また物価も上昇します。不況期には逆のことが起こります。

▼ 景気変動

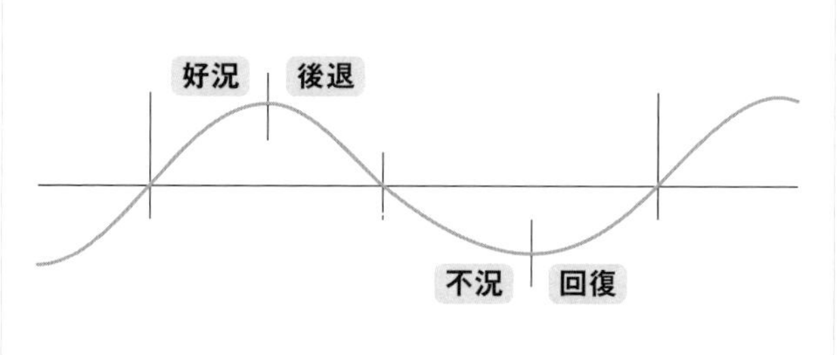

Q22-2 名目経済成長率と実質経済成長率は何が違うの？

結論 名目経済成長率は**単純な数字の変化**を示し、実質経済成長率は**物価の変動分を考慮に入れる。**

名目経済成長率と実質経済成長率の違い

成長率には名目経済成長率と実質経済成長率があります。名目経済成長率は単純な数字の変化だけを考えますが、実質経済成長率は物価変動分を考慮します。実質経済成長率は、名目GDPを、**GDPデフレーター**（前年の物価を100とした場合の今年の物価の百分率）を使って実質GDPに換算してから計算します。

▼ **実質GDPを求める公式**

$$実質GDP＝\frac{名目GDP}{GDPデフレーター}\times 100$$

Q22-3 日本の経済成長率って世界に比べてどうなの？

結論 **他の先進国に比べると緩やか**な傾向にある。

日本の経済成長率は比較的緩やか

日本の経済成長率は、他の先進国より低い水準にあると指摘されています。長期化したデフレや、少子高齢化による労働力人口の減少、設備投資の停滞などがその理由として挙げられています。

▼主な先進国の実質GDP（内閣府）

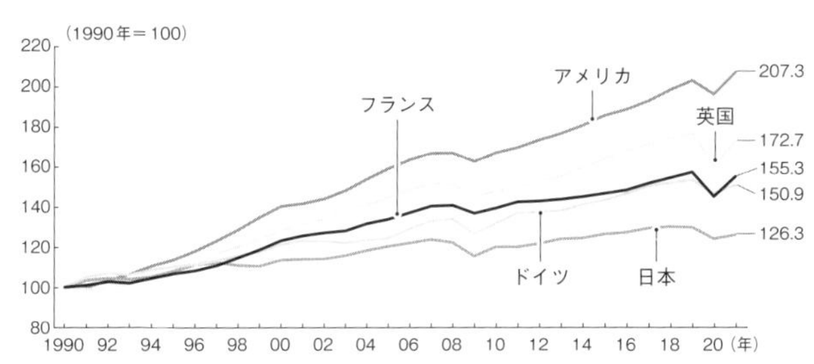

日本の実質GDP成長は
他の先進国に比べ穏やか

4章

租税

この章で扱う主なTOPIC

所得税・法人税・消費税	Q23
税金の用途	Q24
インボイス制度	Q25
NISA・iDeCo	Q26

Q23

所得税や法人税、消費税って何が違うの？

結論

国が集めるか地方が集めるか、という点と**税を課す対象**が違う。

Q23-1 そもそも税金の種類にはどんなものがある？

結論 **国税**と**地方税**の２種類があり、さらにその中で**直接税**と**間接税**がある。

国税と地方税の違い

租税（税金）は、**国税**（国が徴収）と**地方税**（地方公共団体が徴収）とに分けられます。

❶国税…**所得税・法人税・相続税・消費税**など。

❷地方税…**住民税・固定資産税・地方消費税**など。

直接税と間接税の違い

租税はさらに**直接税**と**間接税**とに分けられます。両者には長所と短所があり、両者の割合（**直間比率**（ちょっかん））は、国や時代によって異なります。

▼ **主な租税**

	直接税	間接税
国税	所得税、法人税、相続税	消費税
地方税	住民税（都道府県民税・市町村民税）、固定資産税	地方消費税

直接税とは、税を負担する者（**担税者**）と税を納める者（**納税者**）が同一の税のことです。**所得税・法人税・住民税**などがあります。

間接税とは、担税者と納税者が異なる税のことです。**消費税**などがあります。コンビニの消費税の場合、担税者は商品を買った客ですが、納税者は後日まとめて税務署に納めに行くコンビニの経営者らであり、担税者と納税者は異なります。

所得税・法人税・住民税の違い

所得税・法人税・住民税には、それぞれ以下のような違いがあります。

❶所得税…会社の**給料など個人の所得にかかる**税金。

❷法人税…**法人の企業活動で得られる所得に対して課される**税金。

❸住民税…**地域の行政サービスにかかる経費を分担する税金。個人・法人の所得などに課す**。

その他の税は？

また、他に下記のような税もあります。

▼ **その他の税金の内容**

税の名前	内容
相続税	相続時の財産の移転に対して課される税
固定資産税	土地や建物など固定資産に対して課される税
地方消費税	商品の消費に課す消費税の税率10%（国税の消費税＋地方消費税）のうちの2.2%分

Q23-2 ふるさと納税ってどんな制度？

結論 **実質負担額2000円で好きな自治体に寄付**をして、**さまざまな控除を受けることができ、お礼品ももらえる**制度。

ふるさと納税とは

本来納めている税金の一部を自分の選んだ自治体に寄付する制度をふるさと納税といいます。**寄付する税金は2000円を除いて控除されるため、実質負担額2000円で行うことができます**。また、自治体によって様々な返礼品が用意されており、寄付の額に応じて受け取ることができます。

▼ ふるさと納税の仕組み

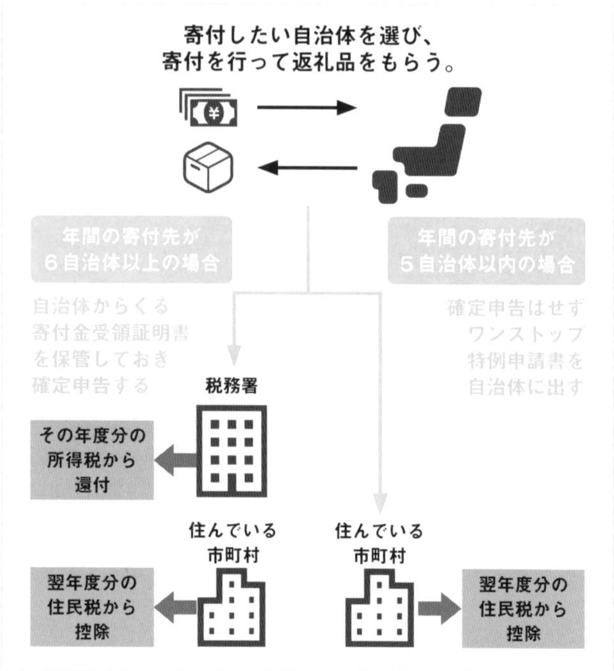

Q23-3 税制改革では何が変わる？

結論 社会の状況に合わせて、税制の仕組みが変わる。**消費税増税や扶養控除の縮小など。**

税制改革とは

税制の改正は毎年のように行われており、社会への影響が大きい改正を、**税制改革**といいます。たとえば**消費税の増税**や**扶養控除の縮小**などが挙げられ、これにより消費活動が減退したり、働き方が変わったりします。

Q24

税金は主に何に使われているの？

結論

使用用途で最も高い割合を占めるのは**社会保障費**。**高齢化の進行**により増え続けている。

Q24-1 具体的にはどんなことに使われている？

結論 **社会保障費**を中心に、次いで**国債費**、さらに**地方交付税交付金**などにも使われている。

税金の様々な使用用途

税金の使い道の中で最も割合が高いのは**社会保障費**で、これは年金・医療・介護などの公的サービスの費用です。次に多いのが**国債費**となっていて、国債の利払いや償還などに当てられます。他にも、地方公共団体を支援するための**地方交付税交付金**や国の防衛のための**防衛関係費**など、行政の各方面に税金は使われています。

▼ **2023年度の税金の使用データ**（出典：財務省）

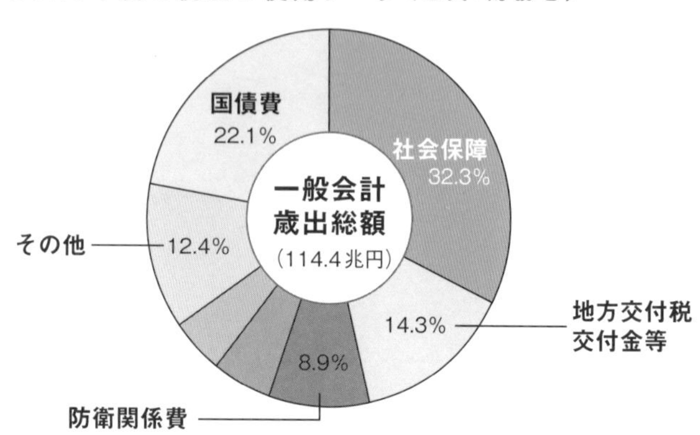

Q24-2 日本は消費税が高いの？

結論 **ヨーロッパ諸国に比べると低く、世界的には平均を下回っている。**

日本の消費税率

日本の消費税率は世界的にみるとやや低いことがわかっています。世界的には、欧州諸国などは高く、北米やアジアの国などは低い傾向にあります。

▼ **主要国の消費税**

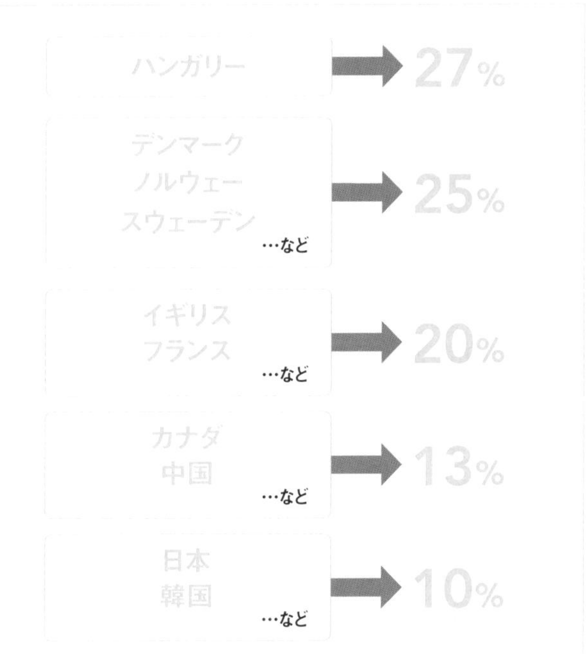

・KEYWORD

「高福祉・高負担」

北欧での福祉に対する考え方として、**「高福祉・高負担」**というものがある。北欧の国は福祉サービスや医療制度などの社会保障が充実していますが、それらの財源である**税金の税率は当然高い傾向**にある。

Q24-3 ニュースでよく聞くトリガー条項ってなに？

結論 **ガソリンの価格が1ℓ160円を3ヵ月連続で超えた場合、ガソリン税を特例税率から減税する**仕組み。

トリガー条項の凍結

東日本大震災の復興財源確保のため、2024年現在ではトリガー条項は凍結されています。しかし、燃料価格の高騰や社会情勢の影響などもあり、トリガー条項の凍結解除が議論されています。実際に凍結解除によって見込める効果は大きく、**大幅な減税となりますが、減税による税収減や地球温暖化対策への取り組みが後退するという懸念も**あり、マイナス面の指摘も根強いです。

Q25

インボイス制度って何?

結論
インボイスと呼ばれる**請求書**により、**税額控除**を適用する制度。これに関連して今まで**免税とされていた中小企業やフリーランスへの負担増が議論となっている。**

Q25-1 なんのために導入されたの?

結論 取引に掛かる消費税率を明確にし、消費税に関わるミスや不正を防止するために導入されたとされている。

そもそもインボイス制度とは

インボイス制度は、取引の際に売り手が**適格請求書（=インボイス）**という請求書を発行し、売り手と買い手の双方が保存することによって、買い手側に消費税の**仕入税額控除**を認める新しい制度です。

▼ **インボイス制度の仕組み**

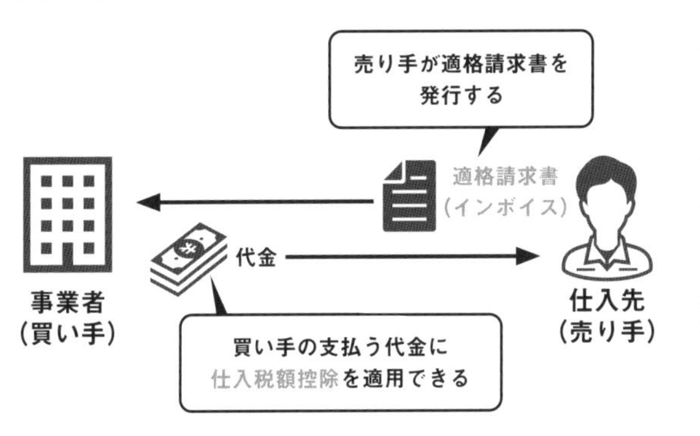

・KEYWORD

仕入税額控除

仕入税額控除とは、売上にかかる消費税を計算する際に、売上分の消費税から仕入れにかかった消費税を差し引ける制度のこと。売上時と仕入時で二重に課税してしまうことを防ぐために行われる。

仕入税額控除のしくみ

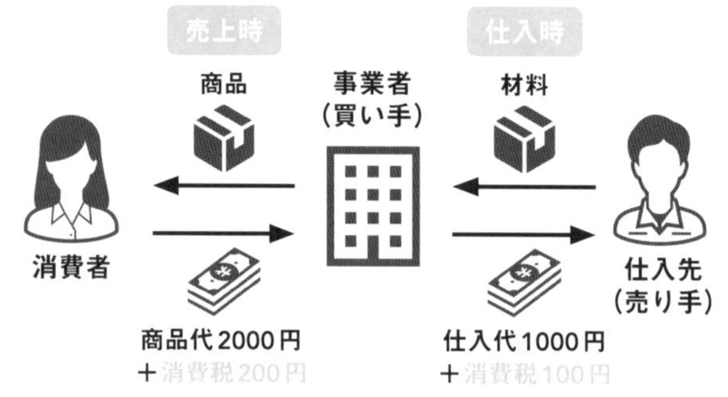

事業者が消費者から受け取った200円を
そのまま納税すると、
二重課税になってしまう！
(仕入時でもすでに100円消費税を払っているから)

仕入税額控除では

事業者が納める消費税＝売上時の消費税（200円）－
仕入時の消費税（100円）
の100円とすることで、二重課税を防ぐ

インボイス制度の導入理由

インボイス制度の主な導入理由は、消費税率を見分けやすくして不正やミスを防ぐためだといわれています。消費税率は現在、**軽減税率（8%）**と**標準税率（10%）**の2つが混在していますが、これにより請求額や納税額に関するミスが発生する可能性があります。インボイス制度の導入では適格請求書によってそれらの見分け方を容易にすることが可能になります。

インボイスを発行できるのは課税事業者だけ

適格請求書（インボイス）を発行できるのは**適格請求書発行事業者**という、事前に申請を行った**課税事業者**だけです。つまり、**売り手側が免税事業者の場合、そのままでは適格請求書を発行できず、買い手側の仕入税額控除も認められません。**

Q25-2 具体的にどんな影響があるの？

結論 中小企業やフリーランスなど、これまで**免税事業者であった人々の売上が課税対象になりうる。**

インボイス制度による負担の増加

インボイス制度は、その導入にあたって反対の声もありました。先述した通り、インボイスは課税事業者しか発行できません。そのため**これまで免税事業者であった中小企業やフリーランスに影響が出ることが懸念**されました。

POINT

影響❶今の免税事業者が競争で不利に

買い手（課税事業者）が売り手（免税事業者）から仕入を行う際などに影響がある。免税事業者は適格請求書を発行できないので課税事業者にとっては税額控除が受けられず、本来よりも高く税金を払う必要が生じる。こうなると買い手側は当然資金を抑えたいため、適格請求書を発行できない免税事業者は取引でさけられ、不利になっていく可能性がある。

影響❷適格請求書を発行するために税負担増

一方、適格請求書を発行するためには免税事業者が課税事業者になる必要があるため、これまでは益税となっていた消費税の納税義務が発生する。このように、これまでよりも税負担が増加することが推測される。
また、新制度を理解して正確に請求書を発行する必要があるため、経理処理を円滑に行うための環境整備が必要になる。

Q26

NISAとiDeCoって何が違うの？

結論

NISAは「**継続した資産運用**」、iDeCoは「**定年後に引き出せる私的年金**」という面がある。

Q26-1 そもそもNISAってどういうもの？

結論 **株式や投資信託で得られた利益が非課税になる制度。**

NISAとは

NISAは**投資で得た利益を非課税で受け取れる国の制度**です。**本来、投資で利益を得ると約20%を納税する必要がありますが、NISA口座での投資の場合は非課税でそのまま受け取ることができる**というメリットがあります。なお、**元本割れのリスク**があるなど、デメリットもゼロではないので、その点に注意しましょう。

POINT

NISAの主なメリット

・投資による利益が非課税になる。
・少額から積み立てることができ、何度でも売買できる。
・いつでも引き出すことができる。

NISAの主なデメリット

・元本保証型の商品は対象ではないので、元本割れ（投資した額よりも得る額が少なくなる）リスクがある。
・損失が出た場合、非課税による恩恵がない。

Q26-2 iDeCoってどういうもの？

結論 **自分で拠出した掛金を運用し、資産を形成する年金制度**のこと。

iDeCoとは

iDeCo**（個人型確定拠出年金）**は、**掛金を拠出・運用して、それらで得た利益と掛金を60歳以降に年金として受け取る**年金制度のことです。運用商品は金融機関によって違いますが、自分で選択できるため目的に応じて複数の投資商品の割合を設定することができます。

POINT

iDeCoの主なメリット

- 掛け金が全額、所得控除になる。
- 運用益が非課税になる。

iDeCoの主なデメリット

- 元本変動型の投資信託で運用した場合は、元本割れ（投資した額よりも得る額が少なくなる）リスクがある。
- 原則60歳まで引き出すことができず、また引き出すには、10年以上の加入が条件になる。
- 積立の停止はできるが、原則として途中解約できない。

Q26-3 新しいNISAで何が変わった？

結論 **非課税で保有できる期間が無期限になったり、投資可能期間が恒久化したり**した。

新NISAでの改正点

2024年からNISAが新しくなり、**新NISA**と呼ばれる制度が始まりました。投資できる金額や期間、商品が増えるなど、さらに多くの投資が非課税で行えるようになりました。また、従来のNISAでは**投資枠の再利用**ができませんでしたが、新NISAでは持っている投資商品を売却することで投資枠を再利用できるようになりました。あらゆる面で進化した新NISAでは効率的な投資が期待できます。

▼ **新NISAでの改正点**

	従来のNISA		新しいNISA	
	つみたてNISA	一般NISA	つみたて投資枠	成長投資枠
	どちらか一方選択制		併用できる	
年間投資枠	40万円	120万円	120万円	240万円
非課税保有期間	20年間	5年間	無制限	無制限
非課税保有限度額	800万円	600万円	1800万円、枠の再利用可能（そのうち成長投資枠1200万円）	
口座開設期間	2023年まで	2023年まで	恒久化	恒久化
投資対象	投資信託[*1]	上場株式 投資信託等	投資信託[*2]	上場株式 投資信託等[*3]

*1　金融庁の基準を満たした投資信託に限定。
*2　*1に同じく。
*3　ただし、整理・監理銘柄、信託期間20年未満、毎月分配型の投資信託やデリバティブ取引を用いた一定の投資信託等を除外。

5章

財政

この章で扱う主なTOPIC

Q27

国家予算ってどんな種類がある？

結論

国家予算は**一般会計予算**、**特別会計予算**、**政府関係機関予算**の３種類に分類される。

Q27-1 具体的に国家予算は何に使われている？

結論 社会保障関係費や公共事業関係費、年金特別会計などに使われている。

財政とは

政府が収入（**歳入**（さいにゅう））を得て、それを支出（**歳出**（さいしゅつ））する経済活動のことを**財政**といいます。毎年（4月1日から翌年3月31日まで）、計画（**予算**）が立てられます。

予算の種類

予算には、以下の３区分があります。予算は内閣が作成し、**国会の議決**を受けます。

▼ **予算の種類**

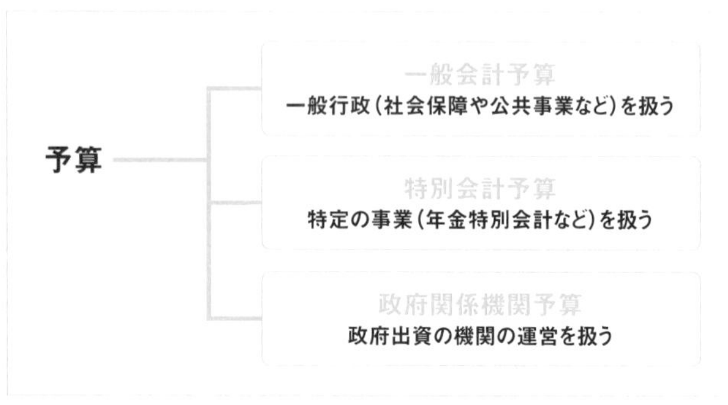

Q27-2 本予算とか補正予算って何のこと？

結論 **本予算**は**当初に成立した予算**、**補正予算**は**年度途中に組まれる予算。**

様々な予算の種類

当初に成立した予算を**本予算**（**当初予算**）といいます。新年度開始までに**予算が成立しない場合に、つなぎとして当面必要な経費だけで組まれる予算を暫定予算**、予算成立後に追加・変更の必要が生じ、**年度途中に新たに組まれる予算を補正予算**といいます。

PLUS α 財政投融資計画

予算に準じる財政活動に、公庫・独立行政法人が**財投機関債**で調達した資金を原資（財源）に、社会資本の整備などを行う**財政投融資計画**がある。

予算の流れまとめ

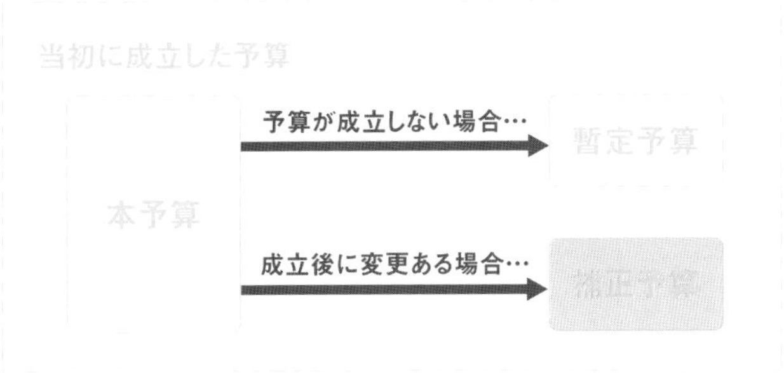

当初に成立した予算

本予算

予算が成立しない場合… → 暫定予算

成立後に変更ある場合… → 補正予算

Q28 国債って「国民の借金」なの？

結論

国債とは**政府の負債であり、「国民の借金」という表現は適切ではない**といえる。

Q28-1 そもそも国債って何？

結論 **国が発行する債券のこと**。日本国が発行する債券は「**日本国債**」と呼ぶ。

国債は政府主導で日銀が発行する債券

国や企業などが、市場から資金を調達する（借金する）ために発行する有価証券（ゆうかしょうけん）を**債券**といいます。**国債**は政府が発行権を持っており、国債に関する諸々の事務は日銀が担当しています。政府の指示で日銀によって発行された国債は、主に民間銀行が日銀に開設している**日銀当座預金**と呼ばれる専門の預金で購入します。**この日銀当座預金は、私たちの預金ではない**ことに注意しましょう。

・KEYWORD

日銀当座預金

正式には「日本銀行当座預金」。金融機関が他の金融機関や日本銀行、または国と資金取引をする場合に決済を行う預金。

▼日銀当座預金

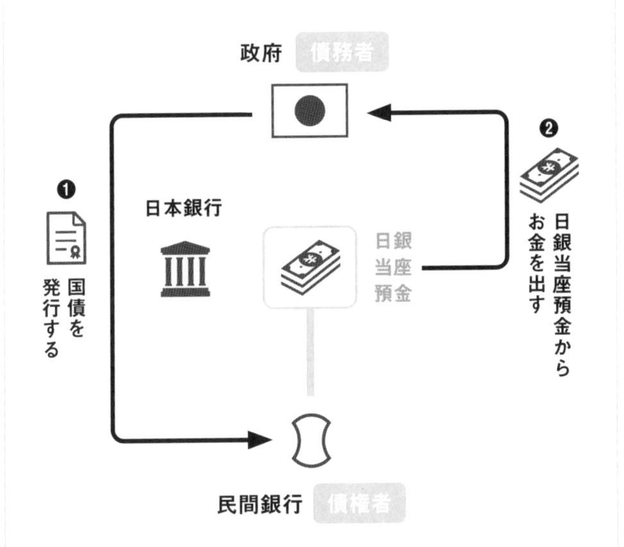

このとき、国債の**債権者（金銭の支払いを求める側）は民間銀行**、**債務者（金銭の支払いの義務を負う側）は国債を発行する権限を持つ政府**です。

Q28-2 国債を売った後はどうなるの？

結論 お金を得た政府が**政府小切手を通して事業者などに融資する。**

国債売りで得た現金のゆくえ

現金を得た政府は一度それを国政の資金として日銀に預け入れます。政府は公共事業などを行うにあたり、その日銀に預け入れた資金を使って事業者に事業を依頼します。しかし、日銀は資金を事業者に直接渡すことはできないので、政府は**政府小切手**を発行します。すると事業者はこの小切手と引き換えに民間銀行から資金を得ます。そして、この政府小切手を民間銀行が使用することにより政府の日銀当座預金からお金が移動し、民間銀行の日銀当座預金に入ります。
このような流れで、国債をきっかけに市中に出回る現金が増加していきます。

▼ 国債売りで得た現金のゆくえ

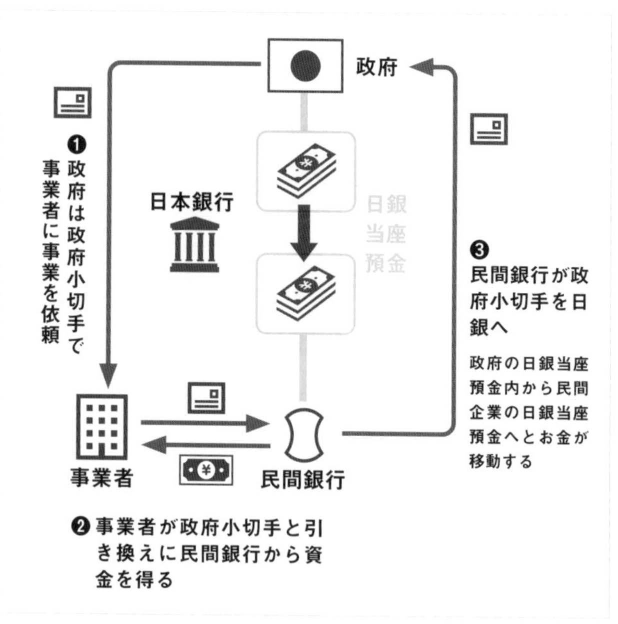

Q28-3 国民の借金ではないの？

結論 国民は国債の取引にあたって債権者でもなければ債務者でもないため、**「国民の借金」という表現は適切ではない。**

国民は国債の債務者ではない

国債を「国の借金」と捉え、世間ではよく「国民１人当たり○○円の借金」などと言われますが、**国債の取引に関わらない国民は基本的に債権者でも債務者でもないので、誰に対しても借金はありません。**返済の義務を負う債務者にあたるのは政府です。ただ、財政と国民負担との関係は様々に議論がされており、今後の動向にも注視する必要があるでしょう。

PLUS α

金融政策から見る国債の債務関係

2013〜2016年に行われていた日銀主導の質的量的緩和政策下では、インフレを促進するために国債や民間銀行が日銀に預けている当座預金を減らし、市中に出回るお金と日銀当座預金を合計したマネタリーベースを増やす必要があった。そこで日銀は、主に民間銀行が保有する長期国債を購入し、その代金を日銀当座預金に振り込むことでマネタリーベース拡大を図った。

この場合は日銀が債券を買い戻しているため政府の借金を返済した形になるが、元来国債は民間銀行が保有していたものなので、**その場合の債務関係も政府と民間銀行にある。よって、この場合も国民の借金とは言えない。**

Q29

最近よく聞く MMTとはどんな理論？

結論

各国の貨幣や金融の仕組みをもとに経済政策の分析を行う理論。**特に国債に関連して注目されることが多い。**

Q29-1 具体的にどのようなところが注目されているの？

結論 **自国通貨が発行できる国家では財政赤字による破綻は起きない**という考えが注目されている。

国債に関連して話題になっているMMT

MMT（Modern Monetary Theory、現代貨幣理論）では、自国通貨を発行できる国は（日本もこれに該当します）、国債を返済するために自国通貨発行額に制限や制約を受けないため、**自国通貨建ての国債を発行して借金をしても財政破綻を起こさない**とされています。これは国債の増発が続くと国家は破綻するという今までの考えと全く異なるものです。

PLUS α

MMTにおける税金の捉え方

従来の考えでは、税金は「政府の財源」として捉えられていたが、MMTにおいては、**税金は「貨幣を国内で流通させるために促進させるもの」**であり、財源確保のために徴税を行う必要はないと考えられている。

Q29-2 じゃあ無制限に国債を発行しても問題ないってこと?

結論 **ハイパーインフレにならないよう注意していくことは必要**と考えられている。

インフレ水準に注意することが大切

MMTに関する議論では、無限に国債を発行してもよいのかという指摘もありますが、それは不正確なものです。国債は無制限に発行し続けるのではなく、ハイパーインフレにならないよう**目標とするインフレ水準を定め、それに注意しながら国債を発行し、財政支出を拡大していくことが必要**と考えられています。

▼ 財政支出とインフレのイメージ図

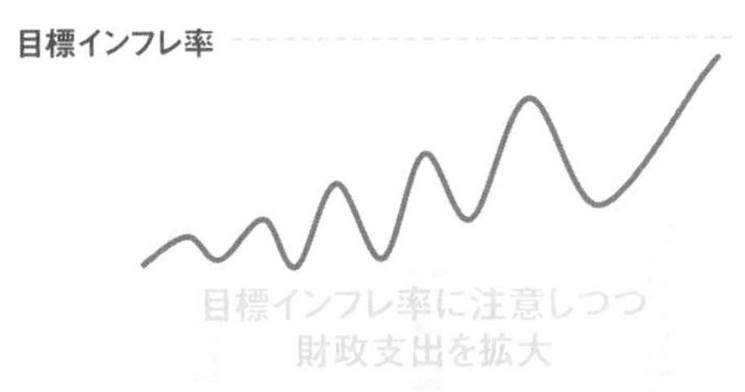

緊縮財政・積極財政

緊縮財政とは、政府の支出を減らしたり、増税したりすることによって、景気の加熱を抑えることである。一方で積極財政は、政府が国債の発行拡大などで積極的に支出を増やすことである。

6章

経済史

この章で扱う主なTOPIC

Q30

日本はなぜ高度成長できたの？

結論

積極的な設備投資や農村部からの労働力の供給などの背景があり、**鉄鋼業、自動車産業、電子産業などが成長し、国際市場で競争力を持つようになったから。**

Q30-1 そもそも高度経済成長っていつのこと？

結論 **1955年から第一次石油危機が起きる1973年までの間に、高い経済成長を続けた時期**のこと。

高度経済成長の時代

日本経済は、**1955年から1973年**の第一次石油危機までの間、以下のような要因から年平均ほぼ10％の実質経済成長を続ける**高度経済成長**の時代に入りました。

POINT

高度経済成長の要因

❶国民の**貯蓄率**が高く、豊富な資金が銀行経由（**間接金融**）で企業に供給された。

❷豊富な資金をもとに、「**投資が投資をよぶ**」といわれた積極的な**民間設備投資**と**技術革新**が行われた。

❸農業が衰退した農村から、若くて質の高い労働力が豊富に供給された。

❹政府の産業保護政策（道路・港湾など**産業関連社会資本**の積極的整備など）が成功した。

❺原油の国際価格が安く、また為替レートが円安の１ドル＝360円に設定され、国際環境も日本に有利であった。

Q30-2 どんな影響があったの？

結論 重化学工業化などが進んだが、**公害・環境破壊などのひずみも生じた。**

重化学工業化と産業の高度化が進む

高度経済成長の中、製造業の中心は**軽工業から重化学工業へ**と急速に移行しました（**重化学工業化**）。また、産業の比重は第一次産業から第二次産業、さらに第三次産業へと移行しました（**産業構造の高度化**）。他方で、高度経済成長は以下のようなひずみももたらしました。

POINT
高度経済成長によるひずみ

❶工業化にともなって公害が発生したり、環境破壊が起こったりした。

❷産業関連社会資本を優先したことによって、生活関連社会資本の不足（そのことによる暮らしにくさ）が生じた。

❸農業など第一次産業が衰退した。

▼ 高度経済成長期に発生した四大公害病

公害病名	詳細
四日市ぜんそく	三重県四日市市を中心に発生。工場から発生した亜硫酸ガスによって大気が汚染され、住民がぜんそく等の症状で苦しんだ。
イタイイタイ病	富山県神通川流域で発生。カドミウムによって水質汚染が起こり、そこでできた米などを食べた人の骨がもろくなる等の症状が出た。
水俣病	熊本県水俣湾で発生。工場から流出した有機水銀により健康被害が出た。
新潟水俣病	新潟県阿賀野川流域で発生。こちらも有機水銀による健康被害が出た。

Q31

失われた30年とはどういう意味？

結論

1991年のバブル経済崩壊によってデフレスパイラルに陥り、長期にわたり経済の低迷が続いていることを指す。

Q31-1 そもそもなぜバブルが起きたの？

結論 **❶プラザ合意によって生じた円高不況を打破するため金融緩和政策が行われ、❷お金が借りやすくなったことで不動産や株式への投資がくり返されて、消費も過熱した。**

バブル直前、日米の貿易摩擦が深刻化していた

1980年代、アメリカは**レーガノミックス**（高金利を基本としたレーガン政権の経済運営）の結果、**巨額の財政赤字と貿易赤字という双子の赤字**を抱えていました。一方経営の合理化や産業構造の転換を終えた日本は国際競争力を強め、欧米諸国に**集中豪雨的**とよばれる激しい輸出をして、アメリカとの間で特に**貿易摩擦が深刻化**していました。

摩擦解消のためプラザ合意へ

▼ **プラザ合意に至るまでの流れ**

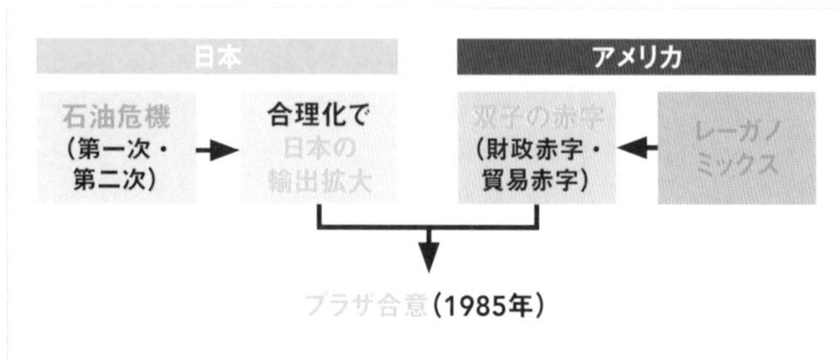

1985年、日・米・英・仏・西独（当時）の**先進5か国財務相・中央銀行総裁会議（G5）**でプラザ合意がなされ、各国が協力して**ドル安**へと為替レートを誘導していくことが決められました。**ドル安**（**円高**）にして、**アメリカの輸出拡大・貿易赤字縮小（日本の輸出抑制・貿易黒字縮小）をはかるため**です（ドル安円高については→Q10）。

超低金利政策が株や土地への投機を招いた

▼ **プラザ合意からバブル経済へ**

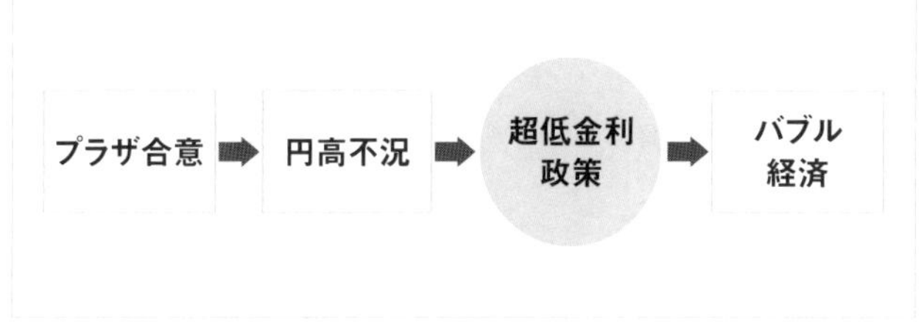

プラザ合意の結果、輸出は停滞し不況（円高不況）に陥りました。このため、日銀は公定歩合（こうていぶあい）（→Q16）を引き下げ、思い切った金融緩和（かんわ）政策を行いました（超低金利政策）。金利が下がったことで企業はお金が借りやすくなり、日本経済はすぐに不況を乗り切ります。しかしこれにより**資金の供給過剰が続くと、企業は生産活動よりも株式や土地への投機（とうき）（値上がりを予想し、転売でもうける目的の売買）に走り、株価・地価の急上昇による資産効果で消費も過熱**する異常事態となりました。

そして1986〜91年にバブル経済（平成景気）とよばれる空前の好景気（行き過ぎた過熱状態）になります。

POINT

― バブル期の特徴

バブルとは「泡」の意味で、実体のない経済膨張(ぼうちょう)を意味する。バブル期にはサービス産業が急成長し、形のある「モノ」よりも情報・知識などの「ソフト」部門の比重が高まる、**経済のサービス化・ソフト化**も進んだ。

PLUS α

インカムゲイン・キャピタルゲイン

資産の保有で得られる利益（預金の利子、株式の配当など）を**インカムゲイン**という。資産の売却によって得られる利益（株式や土地の値上がりによる売却益など）を**キャピタルゲイン**という（逆に値下がりで損をすれば**キャピタルロス**）。

― バブル経済の崩壊へ

政府・日銀があわてて、公定歩合の引き上げ、土地関連融資の総量規制などの対策をとると、**1991年から景気は下降し、株価・地価は暴落して、バブル経済は崩壊**しました。

Q31-2 バブル経済崩壊後の対策は効果があった？

結論 大規模な金融・財政政策を行うも**日本経済の回復にはつながらなかった。**

― 大規模な金融・財政政策でも経済は回復しなかった

バブル崩壊で**企業倒産**(とうさん)が相次ぎ、銀行は**不良債権**(ふりょうさいけん)に苦しみ、**貸し渋り**(しぶ)に走りました。企業は**リストラ**（人員削減）を行い、経済は**デフレスパイラル**に陥りました。**政府・日銀は大規模な金融政策・財政政策を行いました**が、うまくいきませんでした。

以後、日本は30年以上にわたり長期の経済低迷（デフレと低成長）が続いています（**失われた30年**とよばれます）。

▼ バブル経済崩壊、そして経済低迷へ

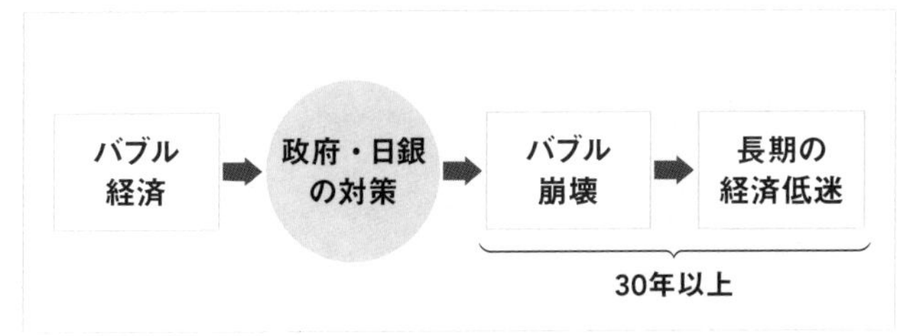

Q32

アベノミクスってどんな内容だったの?

結論

デフレ脱却と経済成長を目指し、金融政策・財政政策・構造改革に焦点を当てた。

Q32-1 具体的にどんな内容?

結論 ❶大胆な金融政策・❷機動的な財政政策・❸民間投資を喚起する成長戦略を3つの柱として、デフレ脱却と経済成長を目指した。

アベノミクスは3本の矢からなる

▼ アベノミクスの3本の矢

デフレを脱却し、継続的な経済成長を目指す

第二次安倍政権が表明した、日本経済を立て直すことを目標に掲げた経済政策をアベノミクス(「安倍」と経済学を意味する「エコノミクス」をあわせた造語)といいます。
アベノミクスの柱とされたのが3本の矢と呼ばれる3つの政策です。

具体的には、**大胆な金融政策や機動的な財政政策、民間投資を喚起する成長戦略**という3つの政策が中心として掲げられました。この3つの政策によって、デフレ脱却を目指したのです。それぞれの内容については、以下を参照ください。

POINT

- 大胆な金融政策

  日本銀行による大胆な金融緩和によって流通するお金の量を増やし、デフレマインドを払拭する。

- 機動的な財政政策

  大規模な経済対策予算によってインフラ整備などの公共事業を拡大し、政府が率先して需要を創出する。

- 民間投資を喚起する成長戦略

  規制緩和等によってビジネスを自由にし、投資を促して、企業や個人が実力を発揮できる社会をつくる。

Q32-2 実際に、効果はあったの？

結論 **株価の上昇や雇用増加**など、一定の成果は上げたと評価されている。

デフレ脱却に向けて一定の成果を上げた

アベノミクスがもたらした効果として、**GDPや雇用の増加、株価上昇**などが挙げられます。特に**第一の矢**（**大胆な金融政策**）が効果を発揮し、各方面に経済効果をもたらしました。

▼アベノミクスによって評価された主な項目

主な効果	詳細
株価上昇	安倍総理の在任中に**株価は3倍近くまで跳ね上がった。**
雇用増加	2013年から2019年にかけて、**有効求人倍率が倍増し、失業率も低下**した。
GDPの増加	2012年に約515兆円だった実質GDPは、2018年のピーク時には約557兆円にまで増加した。
円高の是正	**それまでの極端な円高が是正**されたため、その影響から輸出も増加した。

Q32-3 ではアベノミクスは成功した？

結論 デフレからの脱却という目標達成にまではいたらず、GDP成長率や雇用の質などいくつかの項目において、課題も残されている。

デフレ脱却に向けて

アベノミクスについては、株価上昇など、成果が評価される一方で、結果的にデフレからの脱却や日本経済を成長軌道に乗せるという目標が完全には達成できなかったという点で今後に課題が残っているという評価もあります。

いくつか課題も残る

具体的なところでは**GDP成長率など数値目標が達成できていない項目の指摘や、アベノミクス中に実行した消費増税への批判**があります。

指摘されている課題

主な課題	詳細
雇用の質	全体的に雇用は増加したが、そのうちの多くが非正規雇用者だった。
GDP成長率	実質2%程度の成長を目指していたが、結果的には**平均1%程度にとどまった**。
消費税増税	アベノミクス中に行った消費税増税が消費マインドを冷え込ませ、アベノミクスにより始まった好循環にマイナスの影響を与えた。

7章

企業・労働

この章で扱う主なTOPIC

Q33

大企業と中小・零細企業の違いは？

結論

業界ごとに**資本金と従業員数で両者を区別**する。

Q33-1 日本の大企業の割合はどれくらい？

結論 **大企業は全体の0.3%しかない**。日本の企業の大部分は中小企業が占める。

中小企業とは

中小企業基本法によると、中小企業とは下の表の、資本金か従業員数かのいずれかにあてはまるものです。

▼ 中小企業の定義

業種	資本金	従業員
製造業	3億円以下	300人以下
卸売業	1億円以下	100人以下
サービス業	5,000万円以下	100人以下
小売業	5,000万円以下	50人以下

日本において、中小企業は99.7%を占めており、**逆に言えば大企業は0.3%しかありません**。しかしそのわずかな**大企業によって従業員数は全体の31%程度を占め、生み出している付加価値額は全体の50%近くになります**。

▼ 中小企業・大企業のデータ

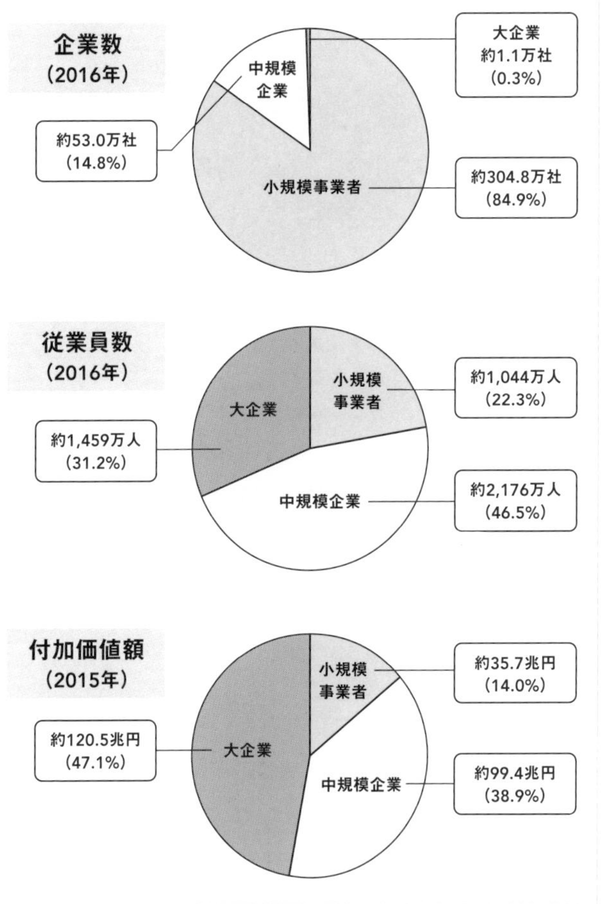

(出典:2023年版「小規模企業白書」中小企業庁)

Q33-2 中小企業と大企業の格差は?

結論 大企業と中小企業の経済格差は大きく、**二重構造と呼ばれて問題視されている。**

中小企業が苦しくなりがちな理由

中小企業は大企業に比べ、一般的に**資本装備率**（機械の導入率）が低いため、**生産性**（一人あたりの生産額）が低く、**賃金**も低くなりがちです。さらに大企業の**下請け**（したうけ）が多く、不況になると発注が削減されて商品価格も値切られ、**景気変動の調整弁**（べん）**として利用されてしまいます。**

改善の動きも見られる

世界的な競争激化の中で、**大企業からも中小企業からも生き残りをかけて下請け・系列関係を見直す動きが広がっています。**またアメリカからの要求もあり、2000年には、中小小売店を保護し、大型店の出店を規制していた**大規模小売店舗**（てんぽ）**法**が廃止されました。

Q34

経団連って何をやっているの？

結論

企業や業種別団体など、**経済界の意見を取りまとめ、政府に対して政策の提言や働きかけ**を行っている。

Q34-1 経団連ってそもそも何？

結論 **日本の代表的な企業、主要な業種別団体から構成される経済団体。**

経団連とは

経団連は、**日本経済団体連合会**の略称で、日本の主要な大手企業などが集まった経済団体のことです。経済や産業に関わる政策についての提言や働きかけを政府に行い、日本経済の発展と国民生活の向上に寄与することを目的としています。

▼ **経団連の概要**

設立年	1946年に日本経済の再興を目的とする経済団体連合会として誕生。2002年に**日本経営者団体連盟**を統合し、現在の名称・組織となる。
企業数	大手企業1,512社 業種別全国団体107団体 地方別経済団体47団体（企業数、団体数は2023年4月時点）
主な企業会員	トヨタ自動車、三菱UFJフィナンシャルグループ、ソニーグループ、日本電信電話、ソフトバンクグループ、中外製薬など

経団連に加入することのメリット

自社の意見が政府への提言に反映され、自社に有利なビジネス環境が整備されやすくなる。また様々な大企業が集まっているため、業界の垣根を越えた情報をいち早く入手できたり、多彩な交流関係を持てるなどのメリットがある。

Q34-2 経団連に対する批判にはどんなものがある？

結論 **大企業中心の利益を追求する姿勢や、中小企業などの意見が反映されにくい組織構造**などに批判が集まっている。

経団連に集まっている批判とは？

経団連には、以下のような批判もあります。

POINT
経団連へ集まっている批判

❶大企業中心になりがちな構造

経団連は日本の大手企業が集まった経済団体のため、大企業の利益を守っていくような活動が中心となっている。構造上、**中小企業の意見は反映されにくくなっている**ため、改善を求める声がある。

❷過度な政策提言や政治献金

企業の活動が有利になるような**政策提言**や**働きかけ、政治献金**についても、**程度や額が行き過ぎているとの批判**がある。

Q35

消費者を守るための制度にはどんなものがある?

結論

国民生活センターや消費者庁の設置、各種の消費者保護制度や法の整備などがある。

Q35-1 そもそも消費者問題にはどんなものがある?

結論 **誇大広告、有害薬品・食品、欠陥住宅、医療過誤、悪徳商法**などがある。

消費者問題とは

商品購入にあたり、消費者が受ける被害や不利益の問題を**消費者問題**といいます。過去にあった重大な消費者問題には、以下のようなものがあります。

▼ **消費者問題にまつわる主な事件**

事件	内容
森永ヒ素ミルク事件(1955年)	ヒ素の混入した粉ミルクを飲んだ乳幼児に多数の死者、中毒患者が出た。
スモン病事件(1955〜70年)	整腸剤キノホルムによって多数の人々に知覚障がいなどの被害が出た。原因がわかるまで時間がかかり、被害が拡大した。
サリドマイド事件(1961〜62年)	睡眠薬サリドマイドを妊婦が服用したことで多数の胎児に被害が出た。
カネミ油症事件(1968年)	PCB(ポリ塩化ビフェニル)が混入した食用油を摂取した人々に障がいが発生し、死者も多数出た。

行政の取り組みは？

1968年に消費者保護基本法が制定され、消費者保護の行政が進められてきました。消費生活の相談機関として、国に**国民生活センター**、地方公共団体に**消費生活センター（消費者センター）**が置かれています。なお、消費者保護基本法は、2004年に消費者基本法に変わり、目的も、従来の受動的な**「消費者の保護」**から積極的な**「消費者の自立支援」**へと転換されました。2009年には、消費者行政を一元的に担当する消費者庁が設置されています。

Q35-2 消費者保護制度（法）にはどんなものがある？

結論 クーリング・オフやPL法、消費者契約法などがある。

様々な制度（法）が整備されてきた

消費者保護制度には、以下のようなものがあります。

▼ **主な消費者保護制度**

制度	内容
クーリング・オフ	**訪問販売**や**割賦（かっぷ）販売**などの場合に、一定期間内であれば、契約を無条件に（違約金なしに）解除できる制度。契約を守らないのなら違約金を払うという民法の原則を修正したものである。
製造物責任（PL）法（1994年制定）	欠陥商品で被害が発生した場合に、メーカーに過失がなくとも損害賠償責任（**無過失責任**）を負わせるもの。過失がなければ責任を負わないという民法の原則を修正したものである。裁判になっても、消費者が証明困難なメーカーの過失を立証する必要がなく、負担が軽くなる。
消費者契約法（2000年制定）	うそや強引な勧誘による契約の取り消しや、消費者に一方的に不利な契約条項の無効等を定めている。

Q36

労働基準法ってどんな法律なの？

結論

賃金や労働時間など、労働条件の最低基準を定めている。基準が守られているかどうかは**労働基準監督署**が監督している。

Q36-1 労働基準法では何時間働かせてよい？

結論 労働者の**一日の労働時間は8時間**以下。**週の労働時間は原則として40時間**以下。

労働者の権利を守るために労働基本権ができた

日本の労働運動は戦前、激しい弾圧にさらされましたが、戦後労働関係の民主化が行われ、憲法27条で**勤労権**、28条で**労働三権**（**団結権・団体交渉権・団体行動権〔争議権〕**）が保障されました（→Q37）。勤労権と労働三権を合わせて**労働基本権**とよびます。

▼ **労働基本権**

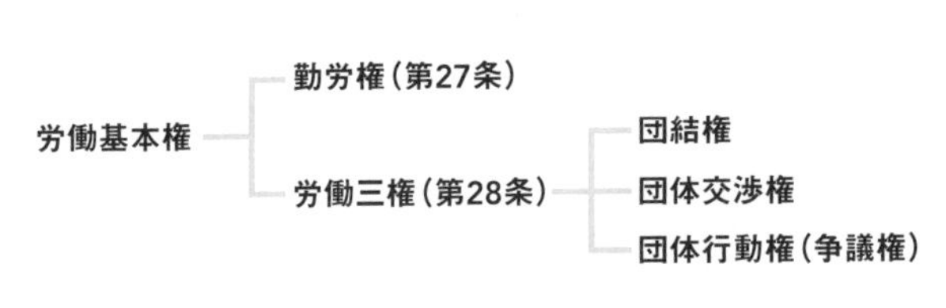

これらの権利を具体化するため労働三法が制定されました。**労働基準法**も、この1つです。

労働三法

労働三法
- 労働組合法（1945）
- 労働関係調整法（1946）
- 労働基準法（1947）

労働基準法の中身は？

労働条件の最低基準を定める法律が労働基準法です。最低賃金は**最低賃金法**で定められています。基準が守られているかどうかを監督するのは、**労働基準監督署**です。

労働基準法は、**国籍・信条**などによる差別の禁止、**男女同一賃金**などの原則を示し、次のような基準を定めています。

POINT

― 賃金について

通貨で、直接労働者に、全額・月1回以上・一定期日に支払わなければならない（**賃金支払いの5原則**）。

― 労働時間について

1日8時間、週40時間の**法定労働時間**を超えてはならない。

Q36-2 裁量労働制ってどんなもの？

結論 労働時間やその配分、業務遂行の方法を**労働者の裁量に委ね、事前に合意した労働時間だけ働いたとみなす制度**。特定の業務に適用される。

労働時間にはいくつか例外がある

労働時間に関しては、裁量労働制をはじめとして、次のような例外が認められています。

POINT

フレックスタイム制

週40時間を超えない範囲で、**労働者が始業・終業時間を自由に決められる。**

変形労働時間制

1ヵ月・1年を平均して法定労働時間を超えなければ、**特定の日や週に法定労働時間を超えてもよい**。忙しい時期と閑散期に差がある職種で採用されることが多い。

裁量労働制（みなし労働時間制）

研究開発や企画などの特定の業務において、**実際の労働時間に関係なく、一定時間働いたとみなす。**

Q37

労働組合って何をしている？

結論

憲法で定められた団結権・団体交渉権・団体行動権を行使し、**賃金や労働時間などの労働条件の改善**を図っている。

Q37-1 団結権・団体交渉権・団体行動権とは？

結論 **団結権**は**労働者が労働組合を結成する権利**、**団体交渉権**は**団体**（**労働組合**）**の力で交渉する権利**、**団体行動権**は**合意できない場合は争議行為に訴える権利**。

労働三権を保障する労働組合法

労働三権を具体的に保障した法律が労働組合法です。労働者が団結して労働組合を結成し（**団結権**）、使用者と、団体（労働組合）の力で交渉し（**団体行動権**）、合意できない場合にはストライキなどの争議行為に訴えること（**団体行動権**〔**争議権**〕）を認めています。

Q37-2 ストライキでは何か損害が出ても大丈夫？

結論 ストライキをはじめとする争議行為では、**それが正当なものであれば刑事・民事ともに責任を問われない**。

争議行為にはいろいろなものがある

争議行為には、労働者側からのものとして、集団で就労を拒否する**ストライキ（同盟罷業）**、作業能率を低下させる**サボタージュ（怠業）**、スト破りを防ぐため事業所を見張る**ピケッティング**があります。

また、使用者側からの対抗手段として、賃金の支払いを免れるため工場を閉鎖し就労を拒否する**ロックアウト**（作業所封鎖）があります。

▼ 争議行為の種類

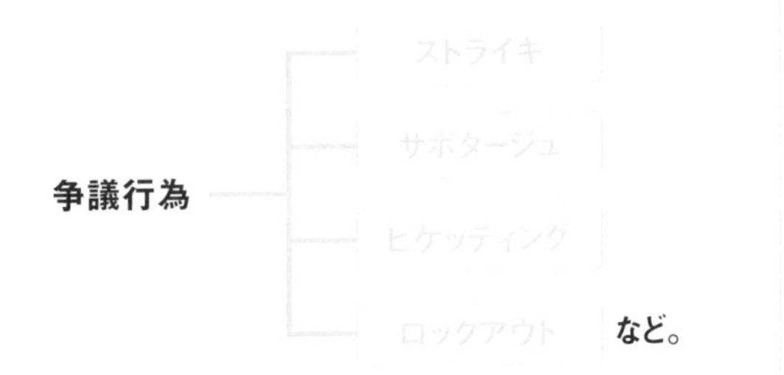

刑事免責・民事免責は問われない

正当な争議行為であれば、刑事免責（罪に問われない）、民事免責（損害賠償の責任を負わない）が認められます。業務妨害罪や、生産中止の損害賠償責任を負うというのでは、ストライキなどできないからです。

Q37-3 会社に労働組合がない場合は？

結論 自分で作る方法もあるし、**会社外でユニオンに入る方法もある。**

ユニオンとは

ユニオンとは、一人でも入れる会社外の合同労働組合です。労働組合のない会社で働く人や、組合に入れない雇用形態の人などで構成されます。

労働組合にも色々ある

会社を超えて作られる形態はユニオンの他にもいくつかの種類があり、**欧米では、産業ごとに組織する産業別労働組合が主流**です。

▼ **世界の様々な労働組合の形態**

種類	内容
職業別労働組合	同一の職業・職種に従事する熟練労働者が企業を超えて組織する。
産業別労働組合	同一産業に従事する労働者（職種や熟練・非熟練を問わず）が企業を超えて組織する。 欧米の労働組合の多くはこの産業別労働組合のパターンである。
企業別労働組合	企業ごとに組織する。このパターンは日本に多い。 企業別労働組合は会社との関係が深く、そのため会社に協調的な労使協調主義になることが多い。遠慮してストが打てないなど活動が不十分になる、という批判がある。

労働組合活動への妨害は禁止

使用者の労働組合活動への妨害行為は**不当労働行為**として禁止されています。

たとえば組合に加入したり、あるいは組合活動をしたことによって従業員に不利益な扱いをしたり、組合に加入しないことを雇用する際の条件にすることなどは、この不当労働行為に該当します。

POINT

不当労働行為

❶組合に加入したことや、組合活動をしたことなどを理由とする解雇など不利益な取り扱い。

❷組合に加入しないことを雇用条件とすること（黄犬契約）。

❸正当な理由のない団体交渉の拒否。

❹組合運営への支配介入、経費の援助。

❺労働委員会に救済を申し立てたことを理由とする解雇など不利益な取り扱い。

8章

社会保障

この章で扱う主なTOPIC

Q38

社会保険には どんなものがある？

結論

医療保険、年金保険、雇用保険、労災保険、介護保険の5種類がある。

Q38-1 医療保険とはどんなもの？

結論 **病気になった場合に，医療費の給付や医療サービスが受けられる保険。**

社会保険は、強制加入の保険制度

▼ **社会保障と社会保険の種類**

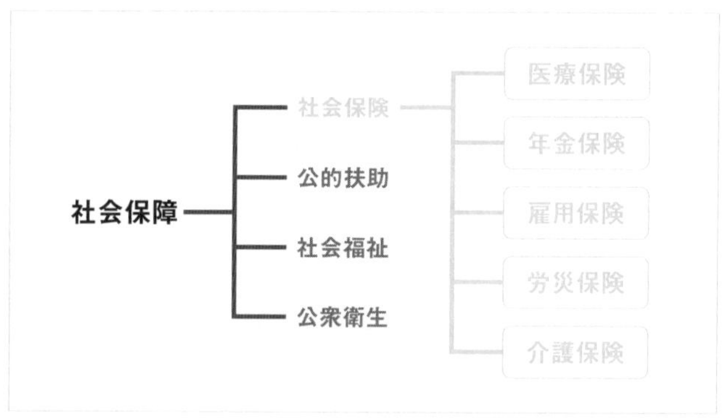

社会保障は社会保険、公的扶助、社会福祉、公衆衛生の4分野で構成されます。そのうち社会保険は、**国家が行う強制加入の保険制度**です。保険とは、保険料を支払い、一定の条件（保険事故）が生じた時に、現金やサービスの提供を受けられる制度です。財源は主に、**本人・事業主の保険料**と**公費（租税）**です。医療保険もこの1つです。

▼ 医療保険の種類

医療保険	民間企業の従業員……	健康保険
	自営業者・一般国民 ….	国民健康保険
	公務員ら………………	共済組合保険
	75歳以上 ………………	後期高齢者医療制度

医療保険の種類は4つ

医療保険の主なものには4種類あり、民間企業の従業員は健康保険、自営業者・一般国民は国民健康保険、公務員らは共済組合保険、75歳以上は後期高齢者医療制度に加入します。1961年からすべての国民が医療保険に加入する国民皆保険となりました。

Q38-2 年金保険ってどんなもの?

結論 **歳を取った時や障がいを負った場合に年金が受けられる保険。**基礎年金制度により、すべての国民が最低でも国民年金に加入している。

すべての国民が国民年金に加入している

年金保険とは**老齢**や**障がい**に際して年金が受けられる保険です。**1961年からすべての国民が年金制度に加入する国民皆年金となりました。**職業により種類がありましたが、制度間の格差解消を目的に、**公的年金の一元化**の方向が示され、1985年に基礎年金制度が導入されました。

基礎年金制度を知ろう

基礎年金制度の導入で、専業主婦（夫）を含む**全国民が共通に国民年金（基礎年金）に加入**し、その上で、民間企業の従業員には厚生年金、公務員には共済年金が上乗せされる**2階建ての仕組みとなりました**（共済年金は2015年に厚生年金に統合）。なお、厚生年金（旧共済年金）は、現役時代の報酬（給料）によって額が変化する**報酬**（ほうしゅう）**比例年金**です。

▼ 年金の構造

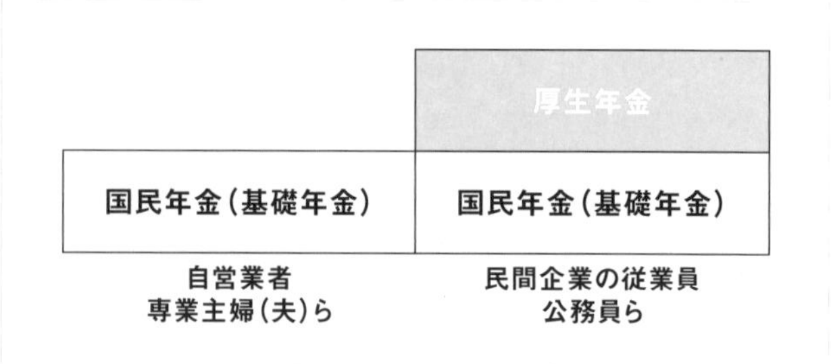

自営業者 専業主婦(夫)ら	民間企業の従業員 公務員ら
	厚生年金
国民年金(基礎年金)	国民年金(基礎年金)

Q38-3 雇用保険ってどんなもの?

結論 **失業というリスクに備えるための公的保険制度**。一定の給付や職業訓練等が受けられる。

雇用保険の給付の窓口はハローワーク

雇用保険は、失業した場合に**失業給付**等が受けられる保険です。1947年制定の失業保険法が1974年に**雇用保険法**にかわり、以後**失業給付以外にも事業が拡大**されています。給付等の窓口は**公共職業安定所（ハローワーク）**です。

Q38-4 労災保険ってどんなもの？

結論 **仕事中のケガなどのリスクに備えるための公的保険制度**。本人や遺族に所定の給付を行う。

労災保険の保険料は全額事業主が負担する

労災保険は、**労働災害**（仕事中のケガなど）にあった場合に、補償金の給付等が受けられる保険です。この保険だけは、保険料を**全額事業主が負担**する仕組みになっています。

Q38-5 介護保険はどんなもの？

結論 **高齢者の介護を社会全体で支えるための公的保険制度**。さまざまな介護サービスが受けられる。

介護サービスを利用できる保険

介護保険は、介護が必要になった時に介護サービスが受けられる保険です。1997年制定の介護保険法に基づき2000年から始まった最も新しい社会保険制度です。

要介護認定が必要

40歳以上の国民から保険料を徴収し、原則として1割の自己負担でサービスが受けられます。介護サービスを利用するには、申請のうえ、市町村の**要介護認定**を受ける必要があります。介護サービスは、指定を受けた民間業者も行うことができます。

介護サービス

介護保険によるサービスには、主なものとして、以下のようなものがある。

❶訪問介護……**ホームヘルパー**（訪問介護員）が訪問し、入浴、排泄（はいせつ）などの支援を行う。

❷デイサービス……デイサービスセンターなどで、健康チェックや食事、入浴などのサービスを**日帰り**で受ける。

❸デイケア……介護老人保健施設などで、機能訓練を主としたリハビリテーションなどのサービスを**日帰り**で受ける。

❹ショートステイ……特別養護老人ホーム（介護が必要な人の老人ホーム）などに**短期間宿泊**して、食事、入浴、排泄などの日常生活上の支援やリハビリテーションを受ける。

Q39

年金はいつかもらえなくなるの？国は何か対策している？

結論

保険料以外でも財源を補ったり、定期的な検証なども行われている。しかし**その金額は減っていく可能性が高い。**

Q39-1 自分が払った年金は、老後にもらえるの？

結論 現在の年金は、**今の若者が払った保険料で今の高齢者の給付がなされる賦課（ふか）方式**。自分が払ってきたものとは無関係。

現在は賦課方式

年金の財政方式は元々、**積立方式**でしたが、現在は**世代間扶養（ふよう）**の考えに基づく**賦課方式**になっています。

▼ **賦課方式とは**

賦課方式

老後世代の年金を、その時の現役世代から徴収する仕組み。

POINT

積立方式

受け取る世代が過去に支払った（積み立てた）保険料からその世代の年金を給付する方式。利子(りし)もつくが、**インフレによる通貨価値の下落に弱い。**

賦課方式

そのときの現役世代から徴収した保険料で、そのときの老後世代の年金を給付する方式。高齢化が進み、給付を受ける世代の比率が高まれば、**現役世代の負担が増加**する。

Q39-2 賦課方式だと将来、少子化で若者が減るから大変なんじゃ？

結論 **年金の財源は国庫負担や年金積立金もあり**、ある程度の対策はなされている。ただ、**若者の負担は増える**と予測される。

年金の財源

年金の財源には、保険料以外に、年金の**半額を税金で支出する国庫負担、給付に使われなかった保険料を積み立て運用する年金積立金**があります。しかし急速な少子高齢化で若者（現役世代）の負担は今後、増えることが予想されます。

Q39-3 国は年金問題になにか対策をしているの？

結論 **マクロ経済スライド導入や、定期的な将来予測**などを行っている。

マクロ経済スライドとは

マクロ経済スライドとは、現役世代の人口減少や寿命の伸びなど、**その時々の社会情勢に合わせて、年金の給付水準を自動的に調整する仕組み**です。マクロ経済スライドによって、年金の長期的な給付と負担の均衡を保っていくことが可能となっています。

財政検証も行われている

財政検証というものが公的年金制度に対して実施されています。これは**年金の財政状況の健全性を確認する**ことで、少なくとも5年ごとに、最新の人口や経済の状況を反映した、長期にわたる財政収支の見通しを作成し、給付と負担のバランスがとれているかどうかを検証しています。公的年金財政の定期健康診断に当たるものです。

Q40

ベーシックインカムってどんなもの？

結論

政府から**すべての国民に、一定の金額を定期的かつ継続的に支給する社会保障制度**のこと。

Q40-1 ベーシックインカムを導入するとどうなる？

結論 **貧困などの社会的不平等の解消**といったメリットがある一方、**労働意欲の低下などの可能性も指摘**されている。

ベーシックインカムのメリット・デメリット

ベーシックインカムを導入するメリット、デメリットには以下のようなものが挙げられます。

POINT

ベーシックインカムのメリット

メリットとしては、**貧困の解消**などが挙げられる。国民が最低限の生活を維持することが可能となるので、社会的な格差の解消に繋がるとされる。また、金銭面での不安が無くなるので**少子化対策になることも期待**できる。

さらに一定額の支給があることで、これまでにあった**生活保護が減る（不正受給も減る）**と推測されている。

ベーシックインカムのデメリット

デメリットとしては、**労働意欲の低下**が挙げられている。一定額の支給があることで、働かなくても生活がしていけるような状況が生まれてしまい、労働意欲が削がれてしまうことが懸念されている。

Q40-2 実現できるの？

結論 いくつかの国・地域で限定的に試験的な導入が行われたが、本格導入に繋がる成果は得られなかった。

ベーシックインカム実現の課題

ベーシックインカムは世界各国から関心を集めており、さまざまな導入実験が世界各地で行われています。

▼ これまでに実施された国・地域

実施された国・地域	詳細
フィンランド	失業者2000人に対して、失業保険と同額の金銭を支給する導入実験が行われ、ストレス軽減などに関しての成果が出たものの、雇用への効果はあまり得られなかった。
カナダ・オンタリオ州	州の約4000人に対して導入実験を行ったが、コストが掛かり過ぎることから中止された。

しかし、本格導入に繋がる成果を出せた事例はまだあまり存在していません。

ベーシックインカム実現の大きな障壁は財源の確保だとされています。全国民に毎月一定額を支給するには莫大な予算が必要になるため、どうすれば実現可能なのか、議論が続いています。

Q41

医療費・社会保障費などの増加に対策はされてきた？

結論

超高齢社会を踏まえ、**医療費や年金額を抑制するための仕組みづくりや法整備**は進められてきた。

Q41-1 超高齢社会ってなに？

結論 総人口に対し**65歳以上の割合が21%を超えている社会**のこと。

日本は超高齢社会に突入している

▼ **高齢化社会〜超高齢社会**

総人口に対して65歳以上の割合が…

7%	→	14%	→	21%
を超えると…		を超えると…		を超えると…
高齢化社会		高齢社会		超高齢社会

総人口に占める**65歳以上**（老年人口）の比率が、**7%**を超えると高齢化社会（日本は1970年に突入）、**14%**を超えると高齢社会（1994年に突入）、**21%**を超えると超高齢社会（2007年に突入）といいます。**日本はハイスピードで超高齢社会になり、その後も比率はどんどん高まっています。**

また、少子化も進行し、合計特殊出生率（1人の女性が生涯に産む子どもの数の平均）は、人口の維持に必要な2.1を1970年代に下回り、近年は**1.3前後**の低水準です。この結果、現役世代を表す**生産年齢人口**（15歳〜64歳の人口）に対する

65歳以上の**老年人口**の比率は、大幅に高まっています。

Q41-2 具体的にどんな対策がされてきた？

結論 **医療費の一部有料化や後期高齢者医療制度創設、年金の受給開始年齢の引き上げ**などが行われてきた。

社会保険制度改革がされてきた

先述した通り、日本では高齢者が増えながら（従って年金・医療費の給付増加）、現役世代は減っている（保険料収入・税収の減少）ため財政難に陥っています。これに対応するため、給付の削減と負担増を進める改革が行われています。

POINT

改革❶老人医療費の一部有料化

1973年に無料化されていた70歳以上の老人医療費は、1982年制定の**老人保健法**で83年から一部有料化され、その後も負担増が進んだ。

改革❷後期高齢者医療制度創設

2006年には**医療制度改革法**が成立し、医療費の抑制のため**後期高齢者医療制度**が創設されている。

改革❸年金の受給開始引き上げ

厚生年金の支給開始年齢も、従来の60歳から、**65歳**に段階的に引き上げられた（国民年金は以前から65歳）。

改革❸医療費の本人負担割合を3割に

民間企業の従業員（健康保険）・公務員ら（共済組合保険）の本人負担も、従来の1割から2割をへて、2003年には**3割**となった。

9章

国際経済

この章で扱う主なTOPIC

Q42

自由貿易と保護貿易ってどう違うの?

結論

自由貿易は**自由な取引に任せる貿易**で、保護貿易は**国家が関税などで自国産業を保護する貿易。**

Q42-1 保護貿易のほうが国は守られるの?

結論 **成長していない産業**を守ることができる。

自由貿易はイギリスのリカードが主張

貿易の形態には、自由な取引に任せる**自由貿易**と、国家が貿易を管理する**保護貿易**とがあります。

自由貿易は、イギリスのリカード（1772〜1823）が**『経済学及び課税の原理』**の中で**比較生産費説**をもとに主張しました。

・KEYWORD

比較生産費説

「各国が得意な物を生産・輸出し、不得意な物は輸入によって手に入れる。それがすべての国にとって利益になる」という考え方。

保護貿易はドイツのリストが主張

またドイツのリスト（1789〜1846）は**『経済学の国民的体系』（国民経済学体系）**の中で保護貿易を主張しました。リストは、自由貿易はイギリスのような先進工業国には有利だが、ドイツのような後発国には不利であるとし、**後発国は幼稚産業（まだ成長していない産業）育成のため、貿易に制限を加え**

輸入品の流入を抑えるべきだと主張しました。

Q42-2 関税ってどんなものにかけられているの？

結論 代表的なものとして、**日本ではコメに高い関税がかけられている。**

関税障壁と非関税障壁がある

保護貿易の方法（貿易制限）には、輸入品に税（関税）をかける**関税障壁**と、関税以外の方法で行う**非関税障壁**とがあります。

▼ **貿易制限の方法**

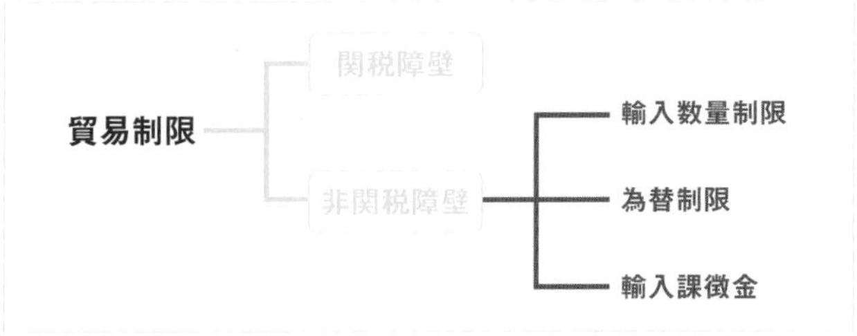

非関税障壁としては、まず輸入してもよい分量を国家があらかじめ決めてしまう**輸入数量制限**があげられます。これには、輸入してもよい数量をゼロにする輸入禁止も含まれます。

また、支払いに使う通貨の交換を制限して貿易を管理する**為替制限**、通常の関税以外にさらに特別に税を徴収する**輸入課徴金**などもあります。

日本ではアメリカの要請で農産物の輸入が自由化

1980年代に対日貿易赤字を抱えていたアメリカは、農業保護のため農産物の輸入を制限（特にコメは輸入禁止）していた日本に対して、**農産物の輸入自由化**を強く求めました。その結果、1988年に日米農産物交渉が合意し、1991年から**牛肉・オレンジ**の輸入が自由化されました。

コメの関税化へ

GATTのウルグアイ・ラウンドでは、（→Q43）米の輸入自由化が強く求められました。結果的に、**最低輸入義務量**（ミニマム・アクセス）以上を輸入するコメの**部分開放**が1995年から行われ、**1999年には関税化（関税さえ払えば輸入できるので、輸入の自由化でもある）**されました。

Q43

WTOって何をやっているの？

結論

モノやサービスの輸出入など国際貿易のルールを確立している。

Q43-1 そもそもWTOって何？

結論 **貿易の自由化を目指し結ばれたGATTを前身とし、さらに機能を拡充したもの。**

WTOの前身はGATT

1947年、自由な貿易の推進を目的として**関税と貿易に関する一般協定**（GATT(ガット)）が結ばれました。**GATTの基本原則は、自由・無差別・多角**です。

IMPORTANT

GATTの基本原則

❶自由…**貿易を制限する関税を引き下げ、輸入数量制限などの非関税障壁を撤廃**(てっぱい)すること。

❷無差別…**どの国も公平に扱うこと**。具体的にはある国に有利な条件を与えたら他の国にも与えるという**最恵国待遇**(さいけいこくたいぐう)**の原則**と、外国製品を差別せず国内製品と同様に扱う**内**(ない)**国民待遇の原則**からなる。

❸多角…**貿易上のルールは多国間貿易交渉（ラウンド）でオープンに決めること**。二国間交渉では両国の力関係で決まってしまうからである。

WTOの設立へ

▼GATTからWTO発足までの流れ

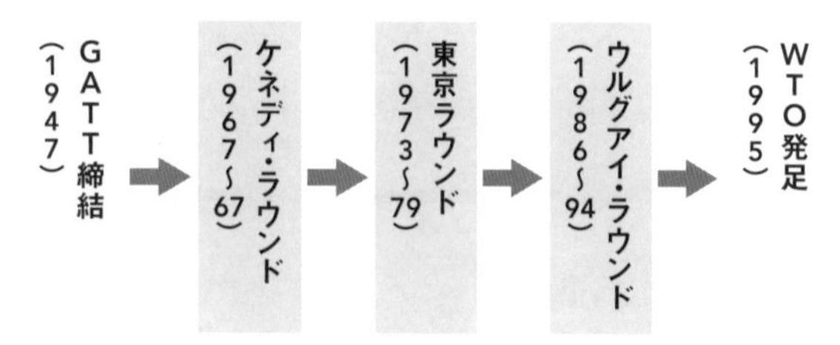

貿易の自由化はラウンドで推し進められてきました。ラウンドとは、関税の引き下げや非関税障壁の撤廃などについて行われる多国間の交渉であり、特にケネディ・ラウンド、東京ラウンド、ウルグアイ・ラウンドの3つのラウンドで重要事項が決められました。

そのうちウルグアイ・ラウンドでは、**GATTを発展的に改組した機関の設立も合意され**、1994年の**マラケシュ協定**（WTO設立協定）に基づき、**1995年に世界貿易機関（WTO）が設立されました。**2001年には**中国**、2002年には**台湾**、2012年には**ロシア**も加盟しました。

Q43-2 具体的にどんな機能が拡充された？

結論 主な監視対象が、**モノ貿易だけではなくサービス貿易・知的財産権にも拡大し、紛争処理機能も強化された。**

WTOで機能が拡充した

GATTからWTOになるにあたり、さらに強力な機関になるよう様々な機能が拡充されました。

POINT
GATTとWTOとの違い

❶GATTは**暫定的な「国際協定」**であったが、WTOは**正式な「国際機関」**である。

❷GATTは**モノ貿易**を主な監視対象としたが、WTOは**サービス貿易・知的財産権の保護も監視の対象**とする。

❸GATTに比べWTOでは、**紛争処理機能が強化**され、当事国はWTOの紛争処理の**小委員会（パネル）**に提訴できる。パネルの判断に不満であれば、上級委員会にも上訴できる。

Q44

国際収支ってどういうもの？

結論

一国が1年間に外国との間で行った経済取引（資金の受け取りと支払い）の集計。それを表にしたものが国際収支表。

Q44-1 具体的にどうやって計算されるの？

結論 ❶**経常収支**、❷**資本移転等収支**、❸**金融収支**、❹**誤差脱漏**の4項目の収支をIMFのマニュアルに従ってプラス・マイナスし、計算する。

国際収支の項目

国際収支は大きく、**経常収支、資本移転等収支、金融収支、誤差脱漏の4項目**からなります。なお、誤差脱漏は統計上の誤差を計上する項目であり、あまり重要ではありません。

▼ **国際収支の大区分**

経常収支の内訳は？

経常収支はさらに、❶**貿易・サービス収支**、❷**第一次所得収支**、❸**第二次所得収支**からなります。

経常収支の内訳

具体的な内容は、以下の通りです。

❶貿易・サービス収支…**貿易収支**（自動車など財の輸出入による資金の出入り）と**サービス収支**（旅行輸送、通信、保険などサービスの輸出入による資金の出入り）からなる。

❷第一次所得収支…対外投資に伴う**投資収益**（海外への投資で得た利子・配当など）と**雇用者報酬**（海外で得た賃金など）による資金の出入りからなる。

❸第二次所得収支…食料や医薬品など消費財のための無償資金援助や国際機関への拠出金など、**対価を伴わない資金の出入り**からなる。

資本移転等収支とは？

資本移転等収支は、対価を伴わない道路やダムなど**社会資本形成にかかわる無償資金援助や、政府間の債務免除による資金の出入り**からなります。

金融収支の内訳は？

金融収支とは、**ある国（日本）が外国に保有する資産（対外資産）と、外国がある国（日本）に保有する資産（対外負債）の収支**のことです。こちらは5つの項目から構成されます。

▼金融収支の内訳

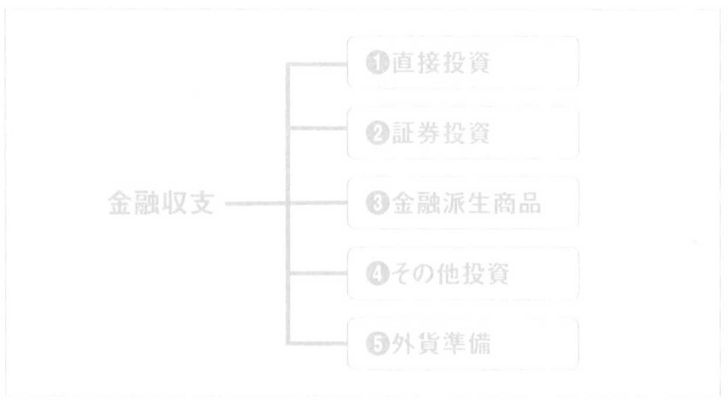

具体的な内容は、以下の通りです。

❶**直接投資**…海外工場建設などによる資産の増減。

❷**証券投資**（間接投資）…国債・株式購入などによる資産の増減。

❸**金融派生商品**（デリバティブ）…今までの金融商品（株式・債券・外国為替）から派生してきた金融商品などによる資産の増減。決められた価格での将来の売買を約束し、その価格差で利益を生み出す**金融先物取引**などがこれに該当する。

❹**その他投資**…上記の3つに該当しない貸し付けなどによる資産の増減。

❺**外貨準備**…外貨や金などの資産の増減。海外との資金のやり取りは、通常ドルなどの外貨で行われる。外貨準備の増加は日本の対外資産の増加を意味する。

Q45

TPPってどういうもの？イギリスが参加したってほんと？

結論

もともとは**太平洋を取り囲む数カ国の経済連携**だが、**2023年にイギリスが参加したことでより広範囲な枠組み**となった。

Q45-1 具体的にTPPって何を決めているの？

結論 太平洋をまたがるいくつかの国・地域において、**関税の削減・撤廃や投資の自由化などを取り決め、自由貿易を推進すること**を狙っている。

TPPとは

正式名称は、環太平洋パートナーシップ協定(Trans-Pacific Partnership)というもので、その名前の通り**太平洋沿岸の国・地域において自由貿易・経済連携を推進すること**を目的として設立されました。なお、アメリカの離脱後、協定の見直しが行われ、**現在は新しいTPP(正式名称は環太平洋パートナーシップに関する包括的及び先進的な協定（CPTPP））**になっています。

▼ **TPP参加国の年表**

年号	参加国・地域
2005年調印	ブルネイ、シンガポール、ニュージーランド、チリ
2016年調印	アメリカ、カナダ、日本、マレーシア、メキシコ、ペルー、ベトナム、オーストラリア →アメリカは2017年に脱退
2023年参加	イギリス
そのほか現在加入申請している国・地域	中国、台湾、エクアドル、コスタリカ、ウルグアイ、ウクライナ

IMPORTANT

TPPにより享受できるメリット

関税が削減・撤廃されることで、未加盟国よりも自国の製品を輸出する際に有利に働く。また逆に、加盟している他国から安い商品を輸入できる。

TPPによるデメリット

海外から安い農産物などが輸入されるため、こうした農産物と競合する立場にある日本の農業などが大きな打撃を受ける可能性がある。

その他に、国によって食品の安全基準が違う中で、他国の緩い規制の食品が日本に流入してくる危険性についても議論されている。

Q45-2 なぜイギリスがTPPに参加した？

結論 **EUを離脱したことで自由貿易協定や経済連携協定を自由に結べることができるように**なり、成長著しく関係性の深い国や地域も多いアジア圏と結びつきを強めようとしたと考えられている。

イギリスは2016年に国民投票でEU離脱を決定

イギリスでは、かねてよりEUによって自国の法律に制限がかけられることや、他のEU加盟国から移民が流入することなどへの不満がありました。そのため2016年の国民投票では過半数以上が**EU離脱**を支持しました。そして2020年にボリス・ジョンソン首相のもとで正式にEUを離脱しました。

KEYWORD

ブレグジット

イギリスのEU離脱は、イギリスを表す「Britain」という言葉と、離脱の意味を持つ「exit」の二つの英単語を合わせてブレグジット(Brexit)と呼ばれている。

TPPへ参加

EUを離脱したイギリスは他国と経済協定を結ぶことが容易になったこともあり、TPPへの加盟を希望し、2023年に加入しました。TPPにはブルネイ・シンガポール・ニュージーランド・カナダ・マレーシア・オーストラリアなど**イギリス連邦加盟国**としてイギリスと関係の深い国や地域が多く、これもイギリスのTPP参加の理由と考えられています。

Q46

日本はODAで海外にお金を払いすぎなのでは?

結論

総額は大きいが、**他の先進国に比べ対GNI比は低い**。また**無償援助の割合も低い**。

Q46-1 そもそもODAって何?

結論 正式名称は政府開発援助。**先進国が途上国のために行う資金援助や技術協力のこと**である。

ODAには贈与や貸付などがある

▼ ODAの内訳

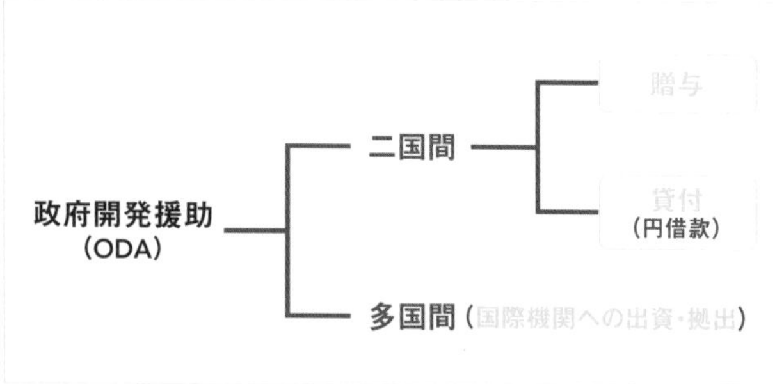

途上国に対し、先進国の政府が行う経済援助を、政府開発援助(ODA)といいます。ODAには二国間で行われる贈与(ぞうよ)と貸付(かしつけ)(日本の場合は円借款という)、多国間で行われる国際機関(国連の諸機関・世界銀行など)への出資・拠出(きょしゅつ)があります。

ODAの定義

ODAと呼ぶためには、3つの要件が必要である。

❶政府（政府の実施機関）によって供与されること。

❷途上国の経済開発や福祉の向上に寄与することを主たる目的とすること。

❸資金協力については、グラント・エレメント(G.E.)*1が25%以上であること。

*1 グラント・エレメントとは、援助条件の緩やかさを示す指標。金利が低く、融資期間が長いほど、グラント・エレメントは高くなり、開発途上国にとって有利である。例えば、贈与のグラント・エレメントは100%となる。

Q46-2 ODAが多い国はどこ?

結論 かつては日本が最も多かったが、**現在はアメリカがトップ。**

ODAには目標数値が設定されている

各国のODAは、**DAC（開発援助委員会）**の場で協議・調整され進められます。国連では、**ODAの総額でGNI比0.7%**という目標を設定しています。

IMPORTANT

日本のODAの特徴

❶日本は**総額では世界有数の援助大国**で、1991年から2000年まで10年連続世界一だったが、**現在は順位が後退している。**

❷総額は大きいものの、**ODAの対GNI比率はかなり低く、国連の目標である0.7%には遠く及ばない。**

❸総額に占める**贈与（無償援助）の比率もかなり低い。**

Q47

環境問題でよく聞く「COP」って何？

結論
締約国会議（Conference of the Parties）のこと。
環境問題に関する文脈では、**気候変動枠組み条約の締約国会議**を指す。

Q47-1 これまで地球環境問題に対してどんな取り組みがされてきた？

結論 **地球サミット**や**京都議定書**、**パリ協定**などで多くのことを決め実行してきた。

国連人間環境会議で環境問題への取り組みがスタート

1972年、**スウェーデン**の**ストックホルム**で「**かけがえのない地球**」をスローガンに**国連人間環境会議**が開催され、**人間環境宣言**が採択されました。そして環境問題に取り組む機関として**国連環境計画**（**UNEP(ユネップ)**）が設立されました。

1992年の地球サミット以降に「COP」が始まる

1992年には、**ブラジル**の**リオデジャネイロ**で「**持続可能な開発**」をスローガンに**地球サミット**（**国連環境開発会議**）が開催されました。
このサミットでは「**気候変動枠組み条約**」が締結され、**それ以降、この条約の締約国による会議（＝COP）が開かれるようになりました。**

IMPORTANT

地球サミットで採択された内容

❶**環境と開発に関するリオデジャネイロ宣言**（リオ宣言）

❷アジェンダ21（持続可能な開発のための行動計画）

❸気候変動枠組み条約（地球温暖化防止条約）

❹生物多様性条約（生物の多様性の保全と、持続可能な利用について定める）

❺**森林原則声明**（森林問題について各国の協力をうたう）

Q47-2 京都議定書ってどんな内容？

結論 **先進国全体での温室効果ガスの削減目標を設定**した。

京都議定書では先進国のみに目標が設定された

1997年、京都で**気候変動枠組み条約第3回締約国会議（COP3(コップスリー)）**が開催され、温室効果ガス削減の数値目標を盛りこんだ京都議定書が採択されました。

POINT

京都議定書の主な内容

京都議定書2008〜2012年までの間に、**先進国全体で温室効果ガスを5%以上削減する**（途上国は削減義務なし）、というものであった。国・地域別では**日本6%、アメリカ7%、EU8%**削減と決められた。2005年に発効（日本は2002年に批准）したが、アメリカは離脱した。

Q47-3 パリ協定ではどんなことが決まった？

結論 京都議定書では先進国のみを義務の対象としたが、**パリ協定では、途上国を含むすべての締約国を対象に、温室効果ガス削減目標の策定・提出義務を課した。**

京都議定書の後継として定められたパリ協定

京都議定書では、先進国のみに温室効果ガスの削減目標が設定されたため、**中国やインドは途上国として義務を免れていました**が、パリ協定は、すべての締約国を義務の対象としました。ただ、**義務といっても削減義務ではなく、削減目標の策定・提出義務である**ため、効果がないという批判もあります。

POINT

パリ協定の主な内容

パリ協定では、「世界の平均気温上昇を産業革命以前に比べて**2℃より十分低く保ち、1.5℃に抑える努力をする**」ことを目的として掲げた。そしてそのために、**先進国・途上国ともに各国が5年ごとに温室効果ガスの削減目標を策定**し、提出することが義務として定められている。

＼ 森永康平氏推薦! ／

本書の後に見てほしいオススメコンテンツ

市場経済について

・書籍『超訳「国富論」——経済学の原点を2時間で理解する』

大村大次郎（著）、KADOKAWA

売り手（需要）と買い手（供給）が妥協できるところで自然と価格が決定するという市場メカニズムを説明する際に、経済学の父と呼ばれるアダム・スミスがよく挙げられます。神の見えざる手という言葉のせいか、市場に任せておけばいいと主張したように思われがちですが、本当に彼が主張したことを2時間で理解しましょう。

マルクスについて

・書籍『資本論（まんがで読破シリーズ 010）』

Teamバンミカス（著／イラスト）・マルクス＆エンゲルス（原著）、Gakken

マルクスとエンゲルスによって書かれた『資本論』は非常に読むのが難しく、経済学を専門に勉強している人でも原書を読んで途中であきらめてしまった人が多くいます。本書ではマンガによって資本論の内容を把握できますので、まずはマルクスの主張をざっくりと理解しましょう。

脱成長について

・書籍『人新世の「資本論」』

斎藤幸平（著）、集英社

これまでは多くの国が経済成長を追い求め、様々な経済活動を行ってきました。しかし、人類の経済活動が地球を破壊する環境危機の時代がやってきたとも言われます。経済成長がもたらす弊害を具体的に学びつつ、それでは世界を救うためにはどのような解決策があるのかを学ぶことが出来るベストセラーです。

経済成長について

・書籍『自由と成長の経済学 「人新世」と「脱成長コミュニズム」の罠』

柿埜真吾（著）、PHP研究所

経済成長が環境破壊や格差の拡大を引き起こすため、資本主義や成長重視の経済活動に批判が集まるなか、本当に脱成長が私たちが採用すべき考え方なのかどうか。様々なデータを基に経済成長の良い部分についても理解を深めることができます。

モノの値段について

・書籍『物価とは何か』

渡辺努（著）、講談社

経済を勉強している人にとっては「消費者物価指数」が物価と呼ばれているものであることは理解していると思いますが、特に経済の勉強をしていなくても、日常生活を送るなかで物価の変動は全ての人が体感しています。その物価について長期にわたって研究を続けてきた著者が初歩の初歩から分かりやすく解説してくれています。

インデックス投資について

・書籍『敗者のゲーム』

チャールズ・エリス（著）・鹿毛雄二・鹿毛房子（訳）、日本経済新聞出版

新NISAが始まったと同時に日本の株式市場が好調だったことから、日本でも資産運用を始める人が増えています。しかし、いざ始めてみると株価の動きに一喜一憂してしまい、ついつい焦って不合理な投資行動をとってしまうものです。その前に世界で読み続けられてきた名著から投資における心構えを学びましょう。

インボイス制度について

・YouTube『ネットで炎上しているけど、そもそもインボイス制度って何？』

森永康平のビズアップチャンネル https://youtu.be/l2hU7znT9FM

そもそもインボイス制度とは何か。まずは簡単にその制度を理解しつつ、なぜインボイス制度について賛成派と反対派がいるのか。そして、反対派が懸念していることは何かを動画で学ぶことが出来ます。

日本銀行について

・書籍『日本銀行の機能と業務』

日本銀行金融研究所（編）、有斐閣

日本銀行金融研究所が書いた日本銀行の解説書です。図表もあり、途中にはコラムなどもあるため、多少の難しさはありつつも、正確に日本銀行の機能や役割を理解することが出来ます。日本銀行には3つの役割があると説明されることが多いですが、より詳細に日本銀行のことを理解するには必読です。

国の借金、MMTについて

・書籍『「国の借金は問題ない」って本当ですか？』

森永康平（著）、技術評論社

日本は国民１人あたり1,000万円以上の借金を抱えており、このままだと財政破綻をするとか、これ以上国債を発行するとハイパーインフレが起きてしまうなどと言われています。しかし、本当にそうなのでしょうか。本書を通じて「国の借金」と呼ばれるものは何なのか。MMTとはどのような理論なのかを理解できます。

ベーシックインカムについて

・書籍『AI時代の新・ベーシックインカム論』

井上智洋（著）、光文社

ベーシックインカムについては長期間にわたって、その有用性が議論されてきました。財源はどうするのか。労働意欲が削がれてしまうのではないか。そもそも日本では機能するのか、などです。同制度についての書籍は多く存在しますが、あえてAI時代を迎えようとしている現代におけるベーシックインカム論を学びましょう。

社会保険料、消費税について

・YouTube『社会保険料と消費税を正しく理解しよう！』

森永康平のビズアップチャンネル　https://youtu.be/5VWUNMMVOtY

少子高齢化が進む日本では社会保険料や消費税を国民から徴収しなければ、財政や年金制度が破綻すると考える人も多いですが、本当にそうなのか。そもそも消費税とは何か。社会保険料の仕組みとは？意外と知らない言葉の意味を理解することが出来ます。

さくいん

れ

ろ

アルファベット

監修 塚本哲生

長年、進学校にて教鞭を執るかたわら、政治、経済の参考書・教養書を多数執筆してきた公民科教育の第一人者。主な著書に、『学研ハイベスト教科辞典（公民・現代社会）』『よくわかる高校公共』『よくわかる高校公共問題集』『ならば、マンガで説明しよう！政治・経済（監修）』など。

SPECIAL THANKS

（本書の構成にあたりご尽力いただいた皆様）

尾﨑美夕
おとん（X：@oton5964）
児玉峻
サラリーマンの書評ブログ
白水花佳
春田裕大
ぶっくま（X：@Book_Meyer）
ふんいき【本・読書・勉強好き】（Insta：real_hon_book）
ぺい（X：@payforwardman）
マグ（X：@OnebookofMAG）
籔下秀幸
やまだ_読書好き社会人（Insta：yamada__books）
やまちゃん（X：@yamachan_5LC）
らこ（X：@LACO_BOOKS）
ワンホ（X：@wanho_book）

STAFF

イラスト　芦野公平
デザイン　上坊菜々子
編　集　木村叡
販　売　深谷直樹　遠藤勇也
データ作成　株式会社ループスプロダクション
校　正　塚本哲生　株式会社ループスプロダクション
印　刷　株式会社リーブルテック

①